AF193024

EL AÑO PASADO EN MARIENBAD
Alain Resnais

RECUERDOS DEL FUTURO
Hilario J. Rodríguez

Colección Telemark

Providence
ediciones

Telemark
Colección dirigida por Nacho Cagiga Gimeno.
Diseño y maquetación: Fran Korqzak.
@ del texto: Hilario Jesús Rodríguez Gil.
Foto de portada: fotograma de *El año pasado en Marienbad*.
@ de las imágenes: los propietarios del copyright.
Copyright de la presente edición: Providence Ediciones.
ISBN: 978-84-129085-0-3
DEPÓSITO LEGAL: M-21701-2024
Impreso en Safekat S.L., Madrid.

Índice

Capítulo I

Anoche soñé que volvía a Manderley. Ante mí se alzaba la verja de la entrada, que me impedía entrar. Entonces, como todos los que sueñan, me sentí dotada de una fuerza sobrenatural y atravesé como un espíritu la barrera que me detenía.

Daphne Du Maurier

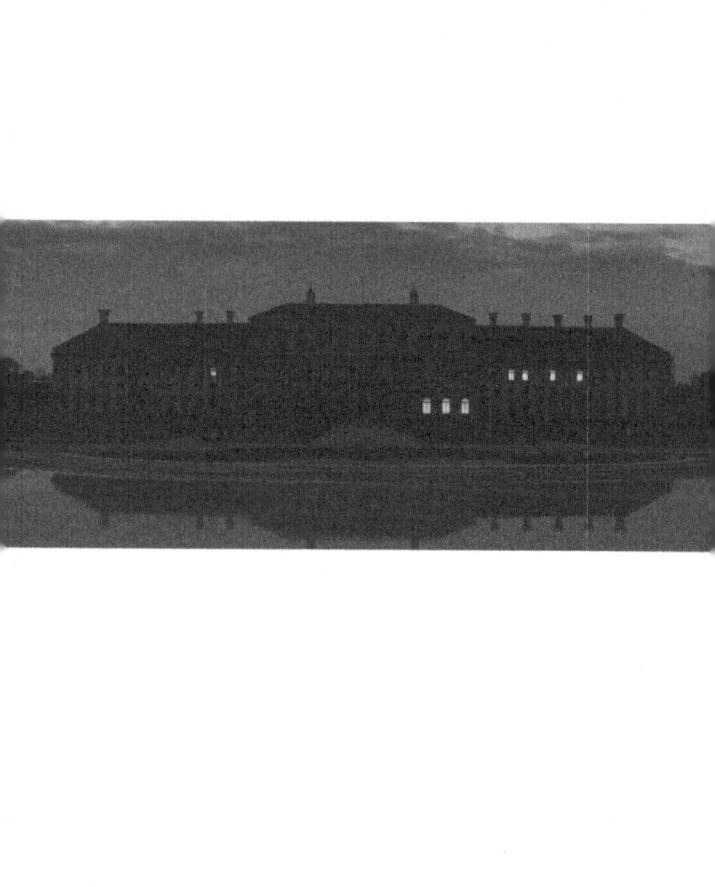

Antes de comenzar a escribir estas líneas, jamás se me ocurrió pensar que podría llegar a encadenar dos palabras seguidas sobre *El año pasado en Marienbad* (*L'Année dernière à Marienbad*, 1961), mucho menos se me habría ocurrido que pudiera llegar a escribir un libro. Quizás un *post* en las redes sociales, un artículo breve para alguna revista, nada más. Me ponía una y otra vez en la posición de Erich Auerbach cuando, durante los preliminares de *Mímesis: La representación de la realidad en la literatura occidental*, siempre encontraba nueva bibliografía que le permitía posponer indefinidamente su redacción. No quería escribir una sola línea de su gran obra a partir de Homero y *La Odisea* hasta no haber leído todo, T-O-D-O, lo que se había escrito sobre el particular. Debía de pensar que solo después de recorrer por completo las laberínticas minas de carbón académicas, estaría en disposición de encontrar alguna pepita de oro y ofrecérsela a sus futuros lectores. Auerbach terminó su obra y lo hizo en tiempo récord, al irse al exilio en Turquía, mientras el resto de Europa libraba la Segunda Guerra Mundial. Durante aquella época, permaneció alejado de las grandes bibliotecas universitarias alemanas, de sus colegas, de los bibliófilos, de sus libreros de confianza, de la sección de cultura de los periódicos, de las revistas filológicas y de una lengua escrita o hablada que le resultase comprensible. Perdió esas cosas pero se salvó de la deportación a un campo de concentración o a uno de exterminio por ser judío. También consiguió centrarse. Lejos de donde entonces se decidía el futuro de Europa, en el exilio, pudo meditar y redactar una de las obras cumbre sobre el pasado del continente. Resulta tentador concluir que los momentos de conflicto para el mundo, cuando todas sus narrativas se hacen añicos y sus fragmentos flotan en el aire sin cobrar forma, son propicios para que algunas personas, en lugar de precipitarse al vacío resultante, se muevan en una dirección racional, en busca de un nuevo relato; al menos en el caso de Auerbach fue así[1].

Para animarme a escribir este libro, tuve que renunciar a leer o mayormente releer cuanto se ha publicado sobre Alain Resnais en general y sobre *El año pasado en Marienbad* en particular, entre otras cosas porque ya soy una persona de cierta edad y he leído bastante sobre el cineasta francés y sobre su película a lo largo de mi vida. Puedo actuar como Auerbach y escrutar en mi memoria, conforme con cuanto me devuelva para los diferentes capítulos de este libro y con la luz que la propia película —que veré una y otra vez— proyecte en la última palabra que yo escriba. Intentaré comportarme como un espía, atento a las vías menos transitadas por los críticos hasta el momento y sobre todo a las posibilidades que me brinden los túneles y pasadizos, la intrincada y tortuosa arquitectura de las imágenes, para trazar recorridos hermenéuticos que se ajusten a los trávelin frontales y las grúas que hacen que la cámara flote a lo largo de la película, mientras recorre su sistema nervioso[2].

Muchos trabajos de Resnais pueden considerarse sistemas nerviosos. En *Le mystère de l'atelier quinze* (1957, codirigida con André Heinrich), por ejemplo, intentó convertir una fábrica en el escenario de un crimen y un patógeno que está afectando a varios trabajadores en el asesino que se oculta y no acaba de cobrar forma. Pero allí las imágenes, pese al inventivo guión de Chris Marker, no acababan de despegarse de la impronta del *cinéma vérité*. *Toda la memoria del mundo*, sin embargo, disolvió los géneros cinematográficos y creó el suyo propio. Y lo hizo porque no se dejó someter por los temas que afectaron y frustraron a su generación, como la colonización o el Holocausto judío, a los cuales Resnais les había dedicado antes *Las estatuas también mueren* (*Les statues meurent aussi*, 1953, codirigida con Chris Marker) y *Noche y niebla* (*Nuit et brouillard*, 1955) respectivamente. Si en estos la memoria se remontaba a hechos concretos y del pasado inmediato (antes de convertirse en Historia con mayúsculas), *Toda la memoria del mundo* giraba en torno a la memoria en general, encapsulada en formato libro. Pasamos, por tanto, del documental como documento al documental como ensayo fílmico. De la reconstrucción del pasado a la ciencia ficción. Así es como llegamos al futuro. *Toda la memoria del mundo* describe una biblioteca primero desde su estructura, como fortaleza para preservar la libertad, y a continuación como sistema clasificatorio del universo donde se amalgaman las secciones, los departamentos, los saberes, las nacionalidades, millones de libros, imágenes, publicaciones de distinta índole. Donde la mirada registra todo en un movimiento constante de trávelin y teleobjetivos, proyectando la mirada documental hacia un universo en continua expansión, hasta convertir lo real en imaginario, los sistemas de calefacción y aire acondicionado en partes de una intrincada maquinaria que Resnais compara con el submarino del Capitán Nemo pero que bien podrían ser los de una nave espacial rumbo a otra galaxia. Sin necesidad de entrar en los territorios de la invención propios de Jorge Luis Borges, la cámara capta e imagina, hace una traducción de la realidad sin traicionarla demasiado, proporcionándole un significado posible aunque no el único.

El año pasado en Marienbad ganó el León de Oro en el Festival de Venecia de 1961 y fue nominada al Oscar a la Mejor Película Extranjera al año siguiente. Muchos críticos y espectadores se rindieron ante sus imágenes, conmovidos por un nuevo tipo de cine capaz de aglutinar en sí mismo los avances que en literatura habían supuesto las obras de E. T. A. Hoffmann (un creador de pesadillas que se adelantó a Edgar Allan Poe, Franz Kafka o H. P. Lovecraft, cuya influencia es visible durante la representación teatral al comienzo y al final de la película, donde los actores parecen autómatas articulados por una fuerza superior), Marcel Proust (evocado y encarnado por la *voice-over* con la cual comienza la película y que se expande o regresa sobre sí misma, en un bucle temporal) o Jorge Luis Borges (visible en las composiciones laberínticas de los jardines y los pasillos, en la *mise en abîme* de algunos cuadros o en los rostros reflejados en espejos y multiplicados por ellos). Es, por tanto, una especie de cóctel compuesto por un nuevo tipo de pesadilla, escenificada con una concepción de la temporalidad y la espacialidad inédita hasta ese momento. Más que una película de los años sesenta, parece una película de la década de los veinte, con el mismo afán de experimentación pero con varias décadas de experiencia que la convierten en «el experimento perfecto». No responde a los argumentos de la historia del cine, cronológicos y nacionales, sustentados por una lógica según la cual hay una relación de causa y efecto, en una cadena donde los cambios van de la mano de los avances, como respuesta a la idea de progreso[3].

En realidad, *El año pasado en Marienbad* solo es parte del relato de la historia del cine. Interviene en ella para cerrar todo cuanto la precedía, dando así vida al cine clásico, cuya existencia depende de la aparición de películas como esta de Resnais, sin apenas relación con el cine anterior a ella y sin demasiada relación con el cine posterior. ¿A qué género pertenecería, de pertenecer a alguno? ¿Al melodrama, al *thriller* de misterio? ¿A la ciencia ficción? Desde luego, no hace avanzar o retroceder a la historia del cine, cuestiona su cronología, su lógica; cuestiona incluso la posible lógica que la une alegremente a la *nouvelle vague*, con cuyas películas apenas guarda relación. Incluso en la obra de Alain Resnais parece una isla, aunque ya sabemos que a las islas las une aquello que las separa. Si se piensa al respecto, con *El año pasado en Marienbad* la historia del cine cuestiona su posible objetividad, se vuelve inestable, subjetiva, como la *nouvelle vague* cuando alguien la relaciona con esta película de Alain Resnais. Convertida, por lo tanto, en destructora de la historia del cine y de la *nouvelle vague*, *El año pasado en Marienbad* se construye a sí misma. Sus imágenes asesinan al mundo —porque no lo representan— pero al mismo tiempo se salvan como imágenes. Escribir sobre esta película no guarda relación con escribir crítica cinematográfica, escribir sobre ella consiste en aprender de nuevo a escribir, aprender a escribir al posible dictado de sus hipnóticas imágenes o al posible dictado de su hipnótica *voice-over*[4].

Resulta imposible no establecer similitudes entre el balneario de *El año pasado en Marienbad* y las arquitecturas visionarias de *El gabinete del doctor Caligari* (*Das Cabinet des Dr. Caligari*, 1920, Robert Wiene), *De la mañana a la medianoche* (*Von morgens bis Mitternacht*, 1920, Karl Heinz Martin), *La calle* (*Die strasse*, 1923, Karl Grune), *El hombre de las figuras de cera* (*Das Wachsfigurenkabinett*, 1924, Paul Leni y Leo Birinsky), *Secretos de un alma* (*Geheimnisse einer Seele*, 1926, Georg Wilhelm Pabst), *Metrópolis* (*Metropolis*, 1927, Fritz Lang) o *Los espías* (*Spione*, 1928, Fritz Lang), tan impregnadas por el carácter obsesivo de Giovanni Battista Piranesi, en cuyos grabados se mezclan lo real y lo imaginario, lo posible y lo imposible; y donde también se mezclan máquinas de tortura, celdas, subterráneos, pasillos interconectados y muros contra los que colisiona la mirada, con líneas interminables convergiendo y volviendo sobre sí mismas, atrapadas en un laberinto que parece físico pero que, sin embargo, es mental[5]. Más que imágenes estáticas, los grabados de Piranesi parecen imágenes en movimiento, porque ante ellos la mente no se conforma con los estímulos visuales, pese a su falsa apariencia tridimensional, y enseguida busca su propia manera de ir más allá de las superficies bidimensionales, como en los trampantojos. Algo así es lo que sucede en las películas expresionistas que mencioné. Despliegan tal exuberancia formal, tanto en la arquitectura del plano como en la adaptabilidad polisémica de las imágenes, que no basta con verlas, hay que pensarlas. Sus diagonales desafiantes, contraproducentes ante la perfección del encuadre; sus triángulos superpuestos, en clara discusión con cualquier espacio cúbico; sus aglomeraciones, con choques constantes... Formas, luces y cuerpos en movimiento, hasta convertir la imagen en una amalgama, un pandemónium de imágenes...

En esas películas ya están reflejados el desorden y la multiplicidad de nuestro sistema social, observado desde el punto de vista de alguien capaz de introducirse en su caótico mecanismo para acabar controlándolo o simplemente controlándonos. Estamos, pues, en el terreno de la entropía, donde el arte llama «artistas» a quienes lo reflejan, pero donde el cine opta por una solución menos pomposa y describe a *mad doctors*, científicos locos que mezclan la tecnología con la magia, llevando la fenomenología a sus últimas consecuencias, más allá de lo perceptible y lo imperceptible, borrando las fronteras entre lo real y lo ficticio a través de alguna forma de manipulación, como el hipnotismo, las drogas, el sueño o la ilusión. En ese sentido, el propio dispositivo cinematógrafo parece su aliado, o quizás el verdadero *mad doctor*, su antropomorfización. Con los métodos científicos del séptimo arte, esas películas consiguen resultados mágicos en nosotros, los espectadores, que al final nos convertimos en sus verdaderas víctimas. No solo nos fascinan los *mad doctors* sino que en todo momento deseamos que sigan libres para seguir operando a capricho, tanto en el argumento de las películas (enroscándolo más allá de cualquier límite comprensible pero también liberándolo de eso que llamamos credibilidad cuando hablamos de la ficción y que en el fondo siempre deseamos ver volar por los aires) como en la mente de los espectadores (a quienes nos arrastran a un estado de terror y placer, entre el tormento y el éxtasis, que bien podría ser el estado que solo el arte verdadero y los verdaderos artistas, *mad art* & *mad doctors*, son capaces de proporcionarnos[6]).

El cine Madrigal de Granada, uno de los pocos que existen todavía hoy y que abrieron poco antes del estreno de *El año pasado en Marienbad*, mandó imprimir la semana del primer pase de la película un anuncio

en los periódicos locales donde se recordaba que quienes fueran a verla debían estar
preparados porque se trataba de «una obra
del mañana dirigida por un realizador de
hoy». Aquel anuncio también advertía que
quienes fuesen a verla en busca de diversión,
con el sano de propósito de entenderla, para
pasar un rato agradable, porque les gustan
las cosas simples, para no pensar o con el
propósito de ver algo convencional, debían
desistir y quedarse en casa.

Capítulo II

Volver a ver hoy en día El año pasado en Marienbad *es como entrever un momento desaparecido de la cultura estadounidense, cuando nos nutríamos con películas europeas no porque fuesen universales o porque fuese fácil identificarse con ellas, sino por su otredad, por su impenetrabilidad, su desafiante contraste con las simplistas películas épicas que producía Hollywood en technicolor por aquel entonces.*[7]

Mark Harris

En un sueño que tuve hace unos años, después de ver *El año pasado en Marienbad* por enésima vez, yo caminaba durante un largo rato, atravesando bosques y senderos en mitad de la noche. Cuando ya había asumido que seguiría así infinitamente, veía un luminoso sobre el tejado del balneario de la película. Salvo en tres, en el resto de las ventanas de aquella fachada no se veían luces encendidas, pero el luminoso era lo bastante potente para producir un halo capaz de dibujar la silueta del edificio y proyectar luz sobre las inmediaciones. Dado que en sueños nunca he conocido el miedo, llegué hasta una puerta y nada me impidió entrar. Si un poco antes, al atravesar un jardín, tuve la extraña sensación de cruzarme con Delphine Seyrig cuando al comienzo de la película se aleja del balneario donde luego parece vivir atrapada, en el interior del edificio fui encontrándome, aquí y allá, con algunas de las estatuas humanas que pueblan las imágenes de *El año pasado en Marienbad* y que siempre insinúan algo (un comentario, un cotilleo o una referencia al clima) pero nunca dicen nada. Haré un breve inciso para precisar que el sueño entero es en blanco y negro, yo mismo también. O sea que las molduras de las paredes, los óleos y grabados en los que la película se abisma y multiplica, las columnas, los espejos, las alfombras y, muy especialmente, la geometría que lo distribuye y ordena todo, eran los que pueden verse en los encuadres de la película y eran, por supuesto, en blanco y negro[8]. Cada habitación del balneario tenía un cartel a la entrada anunciando la proyección inminente de una película, películas todas ellas de las que no había oído hablar, con actores a quienes no conseguía proporcionar una identidad y dirigidas por cineastas desconocidos. Así pues, el balneario era en mi sueño una historia del cine alternativa y sus estancias eran películas soñadas. Y al entrar en cualquiera de aquellas proyecciones, enseguida me transformaba en una de sus imágenes, como sucedía con el narrador de la novela *La invención de Morel*, de Adolfo Bioy Casares, o en la película *Arrebato* (1979), de Iván Zulueta. Comprendí con el tiempo que debía rellenar las habitaciones del balneario de mi sueño con películas que me recordasen a *El año pasado en Marienbad*, cuyas imágenes podían producir toda suerte de interpretaciones sin llegar a agotarse jamás, del mismo modo que podían mezclarse con otras imágenes en apariencia incompatibles porque admitían cualquier clase de yuxtaposición sin perder ni un ápice de su personalidad. Así fue como hice mi lista de películas Marienbad: *El ángel exterminador* (1962, Luis Buñuel), *El silencio* (*Tystnaden*, 1963, Ingmar Bergman), *El hombre del cráneo rasurado* (*De man die zijn haar kort liet knippen*, 1965, André Delvaux), *Amenaza en la sombra* (*Don't Look Now*, 1973, Nicolas Roeg), *El resplandor* (*The Shining*, 1980,

Stanley Kubrick), *The Pillow Book* (1996, Peter Greenaway), *El show de Truman* (*The Truman Show*, 1998, Peter Weir), *Cómo ser John Malkovich* (*Being John Malkovich*, 1999, Spike Jonze), *Eyes Wide Shut* (1999, Stanley Kubrick), *¡Olvídate de mí!* (*Eternal Sunshine of the Spotless Mind*, 2004, Michel Gondry), *Inland Empire* (2006, David Lynch), *La mansión Nucingen* (*La maison Nucingen*, 2008, Raoul Ruiz), *Origen* (*Inception*, 2010, Christopher Nolan), *El duque de Burgundy* (*The Duke of Burgundy*, 2014, Peter Strickland)... La lista podría ser mucho más larga. Si colocásemos todas esas películas juntas, es posible que surgiese mi retrato. O un gran mapa que cartografiase un territorio que, como en las parábolas de Franz Kafka, solo me estuviese destinado a mí aunque yo aún no lo hubiese alcanzado. Quiero creer, no obstante, que para mí la historia del cine bien podría ser una historia Marienbad. Y que ese sentimiento me hace pensar que quizás yo mismo he sido invitado a ser un personaje de la película.

Michel Foucault nos recordaba[9] en una conferencia que «hay países sin lugar e historias sin cronología». Y entonces nos hablaba sobre la cama en la que los niños descubren el océano cuando, entre sus mantas y sábanas, luchan contra la fuerza de las olas e intentan no sucumbir y ser tragados por las turbulentas aguas. La cama se convierte así en una heterotopía, en un espacio múltiple, amoldable, moldeable, adaptable, casi portátil como el mundo en manos de un niño. Esa capacidad para trazar cartografías imposibles, aboliendo tiempos y lugares o disponiéndolos provisionalmente, requiere una mentalidad específica, fácil para quien juega pero no tanto para quien ha perdido la capacidad para hacerlo. Permitidme, pues, que compense la precisión geométrica de *El año pasado en Marienbad* y su teatralidad arquitectónica, y que participe del desconcierto racional con el cual se «reencuentran» A y X en la película, para no caer por completo bajo su embrujo y su perfección formal, e ir, en lugar de en busca de eso, en busca de sus heterotopías, de sus mensajes cifrados, de sus misterios. De modo que lo primero que podría decir es que el cine mismo es el gran espacio de la heterotopía, porque en él podemos localizar Marienbad en diferentes enclaves de Alemania y no en la República Checa, del mismo modo que podemos escenificar la década de los años veinte (tal como en apariencia deseaba hacer Alain Resnais con las imágenes de la película, que imaginó con la misma pátina que las grandes obras maestras del cine mudo dirigidas por Louis Feuillade, Marcel L'Herbier y G. W. Pabst). Pero uno de los espacios privilegiados para la heterotopía es el teatro, su escenario. No es como el cine: allí y entonces, en Marienbad el año pasado;

el teatro es el aquí y ahora: dondequiera que estés en este momento, solo que sobre un escenario. ¿Hace falta decir que *El año pasado en Marienbad* comienza y acaba con una obra de teatro?[10]

Las críticas anteriores a la segunda mitad de los setenta habían hecho poco hincapié en la obra teatral dentro de la película. El motivo es obvio: hasta ese momento *El año pasado en Marienbad* solo podía verse en cines o, con suerte, en algún pase televisivo, pero aún no se habían introducido los vídeos Beta, hoy descatalogados y sustituidos en la actualidad por el formato Blu-ray o los servicios de *streaming*. La aparición de los diferentes formatos de vídeo y dvd permitieron algo hasta entonces inconcebible: parar la imagen y explorarla con más detenimiento que un espectador a la antigua. Y digo inconcebible a sabiendas de que a veces las películas de 35 mm se atascaban en los proyectores y las imágenes se congelaban de pronto, como sucede al final de *Carretera asfaltada en dos direcciones* (*Two-Lane Blacktop*, 1971, Monte Hellman), cuando la película desaparece metafórica y materialmente, mientras su soporte físico arde a causa del exceso de calor que recibe al no avanzar a su velocidad normal, de 24 fotogramas por segundo. Me detengo en esto para dejar claro el cambio que se produjo en los espectadores desde el momento en que estos comenzaron a tener control sobre las imágenes, congelándolas o haciéndolas avanzar o retroceder a su voluntad, porque eso convirtió el visionado de películas en algo muy parecido a la lectura de un libro, en el que saltamos frases y párrafos a capricho, vamos atrás y adelante, introduciendo nuestros dedos entre sus páginas como los tentáculos de un pulpo amenazante, y convirtiendo así una experiencia que antes era más bien receptiva pero más bien pasiva, en un acto creativo.

Gracias a la tecnología, hemos trasladado

la experiencia del cine a nuestra casa y además podemos entrar y salir de una película con facilidad, suspender su avance, retroceder, ampliar o disminuir un fotograma, explorar. Ya no se trata de seguir una historia, una sucesión de planos y secuencias que hilvanan una narración; ahora se puede simplemente ver, ver con calma, fijarse en detalles menores, siguiendo una metodología que antes solo habríamos aplicado para observar y analizar un cuadro.

En un trávelin frontal a través de los pasillos de *El año pasado en Marienbad*, la cámara se gira lentamente hacia la derecha, para encuadrar un cartel que anuncia un espectáculo. Es una obra de teatro, como muy pronto comprobaremos. Se titula *Rosmer* y la ha escrito Niala Sianser. *Rosmer* no aparece acreditada como una obra de teatro real en ninguna parte. Algunos críticos han sugerido que se trata de una referencia encriptada a la obra de Henrik

Ibsen *Romersholm*; lo han sugerido porque *Romersholm* era la obra de Ibsen que Delphine Seyrig estaba interpretando en Nueva York cuando Alain Resnais la vio por primera vez. En ella hay un personaje que se llama Rosmer, que ha perdido a su mujer no hace mucho en circunstancias dudosas. Hay quienes creen que la mató su propio marido, después de enloquecerla. Pero la obra, en realidad, no trata sobre crímenes sino sobre el tiempo. La comunidad donde viven los personajes no ha cambiado en décadas, siglos, y se enfrenta a unas elecciones que pueden hacer que salga de su estancamiento en el tiempo.

Ninguno de los datos que aparecen en el cartel que anuncia el estreno de *Rosmer* en la sala Tillerg del balneario de *El año pasado en Marienbad* aparece en el detallado guión de Robbe- Grillet. Su autor es Niala Sianser, que muy pronto identificamos si cada palabra la leemos al revés: Niala =

Alain y Sianser = Resnais. ¿Tendrán algún significado los nombres de los actores que intervienen en la obra: Claude Maller, Anna Milne, Igor Kaffer Mann, Conrad V. Buch y Carl Madoll? Es posible. Sea como fuere, son cuatro hombres y una mujer, cuatro personajes masculinos y uno femenino. Cinco en total. Cinco personajes masculinos son los que siempre vemos practicar en la sala de tiro de la película y personajes femeninos relevantes solo hay uno. El cartel nos dice que están envueltos en un drama en tres actos, cuyo argumento desconocemos aunque intuyamos que su final no puede ser bueno. Ninguno de estos datos resulta demasiado llamativo, ninguno parece ocultar nada bajo su superficie[11].

Una cosa, no obstante, llama la atención en el cartel que anuncia la obra teatral Rosmer en *El año pasado en Marienbad*: la fecha. Al principio, tras congelar la imagen en mi televisor de plasma, creí leer 14-11-30, lo que equivaldría al 14 de noviembre de 1930 y en la película se menciona la congelación de un pequeño lago de los jardines de un balneario en 1929, o sea que entre ambas referencias temporales se establecería una secuencia lógica. Pero quise asegurarme y le pedí a varios amigos que corroborasen mi impresión, sin yo indicarles antes cuál había sido. Les pedí que escribiesen en un papel la fecha que veían en el cartel con la imagen congelada desde la mejor perspectiva posible y la mayor cercanía. Unos apuntaron 14-11-50, el 14 de noviembre de 1950. Otros, 14-11-59. Todos pidieron una segunda oportunidad. En esa segunda oportunidad tanto ellos como yo coincidimos en el primer número y en el último: 14 y 50. El catorce de uno de los 28, 30 ó 31 días de cada mes del año 1950. Nuestro problema comenzó cuando nos dimos cuenta de que quizás el número intermedio era también un 14, algo imposible porque un año solo tiene doce meses. Lo peor sobrevino en cuanto todos dejamos de ver un 14 en medio y comenzamos a ver una hache mayúscula: H^{12}.

Capítulo III

*Al despertarse creyó que había soñado con una película
que había visto no hacía mucho. Pero todo era distinto.
Los personajes eran negros, así que la película del sueño
era como un negativo de la película real. Y también
ocurrían cosas distintas. El argumento era el mismos,
las anécdotas, pero el desarrollo era diferente o en algún momento daba un giro inesperado y se convertía
en algo totalmente distinto. Lo más terrible de todo,
sin embargo, es que él, mientras soñaba, sabía que no
necesariamente tenía que ser así, percibía la similitud
con la película, creía comprender que ambas partían
de los mimos postulados, y que si la película que había
visto era la película real, la otra, la soñada, podía ser
un comentario razonado, una crítica razonada y no
necesariamente una pesadilla. Pero también
es cierto que toda crítica, al cabo,
se convierte en pesadilla.*

Roberto Bolaño

Hay una obra audiovisual de Bernardí Roig que se titula *Notas para otras manchas en el silencio* (2011), en la que el artista mallorquín utiliza algunas escenas de *El año pasado en Marienbad* mientras se cose la boca. En el vídeo, vemos tomas de la película de Alain Resnais en las que los personajes están unos frente a otros en silencio, seguidas de contraplanos en los que Bernardí Roig, vestido con la misma elegancia de quienes le preceden en la pantalla, comienza a atravesarse los labios con aguja e hilo, lentamente pero sin pausas, como si el dolor no existiese. Verlo desde fuera no es igual que verlo desde dentro. La película continúa pese a su intromisión; los personajes parecen observarlo anestesiados, sin decir nada, sin expresar asombro o consternación, a diferencia de quienes lo vemos desde fuera. Y a partir de aquí tenemos dos posibilidades: podemos seguir a Bernardí en su deseo de producir con su obra audiovisual un silencio poético lo bastante hiriente para reclamar atención y hacerse escuchar entre una masa lectora y espectadora que ya no parece ser capaz de ver ni oír[13], o bien lo podemos comparar por su comportamiento extremo con el narrador de *La invención de Morel*, de Adolfo Bioy Casares, cuando decide sacrificar su vida y convertirse en imagen porque se ha enamorado de la imagen de una mujer, Faustina[14].

La novela de Bioy Casares inspiró a Alain Robbe-Grillet mientras escribía el guión para *El año pasado en Marienbad*, aunque él lo negase en varias entrevistas posteriores al estreno de la película. *La invención de Morel* había aparecido en Argentina en 1940, sin embargo no fue traducida al francés hasta una década más tarde, con una recepción muy comentada, además de con reseñas muy elogiosas en casi todos los medios. Robbe-Grillet, que por aquella época colaboraba con la revista *Critique*, propuso un texto sobre la novela poco después de haberla leído y entre líneas. Pese a su admiración por el libro, dejó claro que los temas centrales: la soledad, la memoria y la capacidad para modificar el pasado, podían ser mejorados. Quizás lo que quería decir era que esos temas podían ser abordados desde una perspectiva literaria más afín al *nouveau roman*. Seguramente sentía una intensa admiración hacia el libro, conceptual y estructuralmente. De hecho, en su primer borrador del guión para la película de Alain Resnais algunos de los personajes tenían nombres hispanos, había situaciones similares y el escenario de la historia era una isla, como en la novela[15]. La herencia literaria de la película, no obstante, ha sido cuestionada en más de una ocasión. A muchos críticos formalistas las posibilidades hermenéuticas que ofrece *La invención de Morel* para penetrar como un abrelatas en la superficie de *El año pasado en Marienbad* les han parecido peligrosas y limitadoras. Cualquier solución al enigma la consideran un error. En ese sentido, debo admitir que estoy con ellos; tampoco a mí me parece que haya que optar por una sola vía de acceso a la película y mucho menos por una vía de salida. Creo que hay muchas vías de entrada pero ninguna de salida. Es una película con vocación de territorio en el que se puede entrar, con la condición de que luego ya no se salga de él. No es la Zona de *Stalker* (1999, Andre Tarkovski), aunque se parece mucho a ella.

Inexpugnables o no, *El año pasado en Marienbad* y *Stalker* son, además de películas, territorios y, como territorios, al menos pueden ser cruzados. Cruzarlos es algo similar a cartografiarlos, a definir nuestros pasos por encima de su estructura. Es reescribirlos, duplicarlos, actualizarlos; convertirse en una especie de mago, en un reescritor[16]. Así retrataba Jorge Luis Borges a Pierre Menard, que no era un simple copista del *Quijote* por mucho que un fragmento suyo fuese idéntico al correspondiente en la novela de Miguel de Cervantes. No hay dos *Quijotes* iguales; nada puede ser duplicado exactamente. Quizás por eso Walter Benjamin aconsejaba copiar un libro de principio a fin como única forma posible de crítica. Dicho de otra manera, cuando se ha atravesado un camino, cuando ya se ha descrito y escrito, solo cabe reescribirlo. Por eso es tan común encontrar una concepción del arte como *remake* en la actualidad. Se han recorrido demasiados caminos y ahora lo normal es encontrar a gente que vuelve a recorrerlos. Enrique Vila-Matas, sin ir más lejos, cuenta en *Marienbad eléctrico* una estancia de cinco días en el balneario de Marienbad, en la República Checa, después de que la artista Dominique González-Foerster le invitase a ir[17]. Fue allí sin saber bien cuál era su propósito. Desde el principio se dedicó a observar las vidas crepusculares de aquellos con quienes se cruzaba en los pasillos del enorme edificio, en la cafetería y en el restaurante. Los seguía como quien sigue la luz de un faro en mitad de la noche. Hasta que comenzó a intrigarle el título de la obra en la que trabajaba Dominique González-Foerster en aquel momento y por la que le había pedido que fuese a Marienbad: *Splendide Hotel*, que giraba sobre una habitación cerrada cuya llave solo estaba destinada a Enrique Vila-Matas: «una habitación cerrada es el precio que hay que pagar para estar cerca de las cosas que nunca llegamos a entender».

Por supuesto, Vila-Matas y González-Foerster son cinéfilos y sabían de sobra que Marienbad no es Marienbad en la película de Alain Resnais; me refiero a que ambos sabían que no se había rodado allí, en la República Checa, aunque en el título el nombre de Marienbad apareciese de una forma tan contundente. Vila-Matas fue allí no en busca de lo que la película es sino de lo que la película invoca. Marienbad, de esa manera, puede entenderse como una palabra mágica. En *La invención de Morel*, la novela en la que Robbe-Grillet pudo basarse para escribir el guión de *El año pasado en Marienbad*, el nombre de Marienbad aparece como un posible lugar donde pasar las vacaciones. A Vila-Matas, el lugar y la gente que se pasea por su pasillos y fuma lánguidamente en sus terrazas le parece envuelta por una atmósfera inmortal y mortecina al mismo tiempo. Un poco como los personajes de la película, que van y vienen, hablan y callan, parecen acercarse a la cámara y se alejan de ella, se reconocen unos a otros y se ignoran... Todo en una secuencia constante de antítesis.

Robert Smithson[18], un gran admirador de Resnais y Robbe-Grillet, recordaba cómo las mismas imágenes, intencionadamente «materialistas» para el segundo, podían ser «románticas» para el primero. Le parecía —de una manera similar al director de teatro Peter Brook— que Robbe-Grillet quizás había intentado destruir «el corazón romántico de las cosas» al escribir el guión de *El año pasado en Marienbad* y Resnais lo había restituido luego, al rodarlo. Insistía en que el balneario de Marienbad, imposible de situar con un solo punto en el espacio, apenas guardaba relación con los antiguos monumentos de Grecia y Roma. Si estos últimos tenían la capacidad de hacernos recordar el pasado, el balneario de la película la única capacidad que parecía tener era la de hacernos olvidar el futuro. «No hay futuro en Marienbad», decía Smithson. «Allí no se pregunta qué hora es, sino dónde está el tiempo.» También sugería una paradoja interesante: que toda imagen, en definitiva, es memoria y olvido a la vez. Como todo lo ultramoderno, le daba la sensación de que la película de Resnais y Robbe-Grillet potencia los enigmas, no las explicaciones. Remite a todo, a cualquier cosa, pero no representa nada en particular. Lo cierto es que, si prestamos atención, vemos constantemente espejos en los que se reflejan y multiplican A, M y X, además de otros personajes a los que podemos referirnos sin nombrarlos porque ignoramos quiénes son. Esos espejos disuelven los límites de cada encuadre, los convierten en prismas y, al hacerlo, transforman la película en una ilusión constante, en un universo con muy pocos elementos, pero un universo donde el movimiento arrastra al espectador hacia la única historia con elementos suficientes para ser contada y, por consiguiente, entendida, y donde la inercia repentina convierte a cuantos se detienen en signos o símbolos para ser descifrados.

En su obra teatral *Come en casa Borges*, Marc Caellas trabajó a partir del libro *Borges* de Adolfo Bioy Casares, el programa televisivo *A fondo* dedicado a Jorge Luis Borges y *El año pasado en Marienbad*. Dos escritores argentinos, Andrés Ehrenhaus y Laureano Debat, interpretan respectivamente a Jorge Luis Borges y Adolfo Bioy Casares; ambos leen fragmentos del libro *Borges* del segundo, avanzando y retrocediendo, mezclando temas, hasta hacer un colosal despliegue que convierte la letanía en lo más parecido a un blog, solo que antes de que los blogs existiesen. La lectura a veces parece un diálogo, otras un posteo con comentarios. No da la sensación de que el texto recitado por los dos actores sea un texto, al menos no solo un texto para ser leído; parece más bien un texto en conversación con la vida en directo, una especie de demostración de que los argentinos adoran hablar aunque nadie les escuche, hablan sin parar, sobre cualquier cuestión. Hablan, callan, escuchan, ven. Ante ellos aparece y desaparece la actriz Carolina Torres Topaga, que interpreta a Silvina Ocampo. En lugar de Borges, Bioy y Ocampo, da la sensación de que estuviésemos viendo a

A, M y X en *El año pasado en Marienbad*. El despliegue ya está hecho. La música y las palabras del Borges real en el programa *A fondo*, mientras lo entrevista Joaquín Soler Serrano, son el contrapunto, la ambientación, la banda sonora de un triángulo amoroso en el que sabemos que la mujer es un fantasma a quien evocan y convocan los actores que interpretan a Borges y Bioy, cuyas presencias en última instancia parecen las de dos médiums. Es difícil, al acabar la función, considerar la obra teatral una obra teatral, más bien es un marco para establecer relaciones y a partir de ellas proponer posibilidades, como la película de Robbe-Grillet y Resnais. *Come en casa Borges* no es tanto una escritura sino más bien una reescritura. Pero no es una reescritura del libro *Borges* de Bioy Casares; es una reescritura de *El año pasado en Marienbad* a partir de las relaciones que unieron a Jorge Luis Borges, Adolfo Bioy Casares y Silvina Ocampo. Es una re-

escritura del cine a través de la literatura y
a través del teatro; es una escenificación en
directo de imágenes atrapadas en las redes de
la eternidad cinematográfica.

Capítulo IV

*¿No os parece que lo único
que hacemos es deambular
por tiempos
que no son los nuestros?*

Blaise Pascal

Alain Resnais y Alain Robbe-Grillet durante una entrevista posterior al estreno de la película.

Alain Robbe-Grillet nació en 1922 en el seno de una familia de ingenieros y científicos. Alain Resnais también nació en 1922, pero su padre era farmacéutico y su madre ama de casa. Sin embargo y pese a lo que lo anterior podría hacernos pensar, la familia del primero era tirando a pobre y la del segundo tirando a burguesa. El primer Alain tuvo una hermana, el segundo no tuvo hermanos ni hermanas. El primer Alain, según él mismo cuenta en sus memorias, fue «violado» cuando era muy joven por una muchacha con más edad y experiencia; mientras tanto, el segundo enfermó de asma y pasó mucho tiempo en casa, leyendo, coleccionando cómics y estimulando su imaginación, con los asuntos sexuales aparcados para más tarde. Digamos, por tanto, que de los dos Alains, el primero vivió una infancia y una juventud conflictivas, que luego lo determinaron a huir; y que el segundo continuó su infancia y su juventud con una madurez en la que nunca tuvo que ocultar su pasado, ni reformularlo ni interpretarlo, mucho menos repudiarlo[19]. ¿Cabe pensar que el primer Alain fue un asesino y una víctima? ¿Un asesino de sí mismo y un producto de ese asesinato? ¿Un personaje en la obra equivocada? ¿Un paria en manos del destino? Y si cabe todo eso, ¿cabe pensar que el segundo fue un producto de la ensoñación que le produjeron los libros, los cómics y posteriormente las películas? ¿Un Mandrake a quien nada se le podía resistir porque el poder de su imaginación podía con cualquier enemigo potencial? ¿Fue por todas estas cosas por lo que el primer Alain para escribir tuvo que reinventar la literatura? ¿Y por lo que el segundo Alain, en su papel como director de cine, continuó el trabajo de los clásicos desde un punto de vista mucho más moderno y adelantado, como resulta natural si alguien tiene el desbordante talento que él siempre tuvo?[20]

Pero evitemos los desvíos prolongados y continuemos con nuestra exploración.

Cuando Francia fue invadida por el ejército alemán durante la Segunda Guerra Mundial, Robbe-Grillet fue enviado a Núremberg para trabajar allí como maquinista de tren, después de haber estudiado previamente ingeniería agrónoma. Resnais era más soñador, un precoz cineasta que con doce años filmó su primer cortometraje y que luego deseó ser actor y más tarde montador, hasta que al término de la Segunda Guerra Mundial fue llamado a filas, enviado a Austria y Alemania, y al volver a Francia aceptó trabajos como cortometrajista y director de anuncios comerciales. Robbe- Grillet, por su parte, viajó por Martinica, Guayana Francesa, las islas Guadalupe y Marruecos, con los ojos bien abiertos y rellenando cuadernos con observaciones sobre cuanto veía, como si en lugar de un escritor de viajes fuera un antropólogo, en busca no de lo que le dictase su corazón sino de lo que le ofreciese el mundo desde el punto de vista más objetivo posible. Después de un breve periodo de intenso trabajo, Resnais ganó un Oscar por su cortometraje *Van Gogh* (1948), un encargo que le habían hecho con motivo de una retrospectiva que iban a dedicar al pintor holandés en París y que ya ponía de manifiesto su capacidad para apropiarse con su particular mirada de cualquier tipo de material, como en general hicieron los cineastas del periodo clásico[21]. Fueron años de intensa actividad para ambos. A Robbe-Grillet lo contrataron en Les Édicions du Minuit para labores de lector, corrector y asesor, además de abrirle las páginas de varios periódicos y revistas donde comenzó a colaborar de manera febril, y eso sin contar con las cuatro novelas que publicó entre 1949 y 1960, antes de *El año pasado en Marienbad*. A Resnais, el productor Pierre Braunberger lo adoptó poco más o menos, ofreciéndole *Gauguin*

(1950) y *Guernica* (1950), que continuaban la senda artística trazada por *Van Gogh*, y posteriormente *Toda la memoria del mundo* y *El canto del estireno*; pero no olvidemos que en medio de esos encargos realizó dos de los mejores documentales de la historia del cine: *Las estatuas también mueren*, en estrecha colaboración con Chris Marker, y *Noche y niebla*, con un impagable guión de Jean Cayrol[22]. La aparición de una nueva generación de críticos en las revistas cinematográficas francesas, algunos de los cuales se convertirían más tarde en realizadores, puso de relieve el papel que en adelante iba a jugar el séptimo arte, más allá del entretenimiento y más cerca de la política, la antropología, la redefinición de la historia, la memoria y su capacidad para ponerse al servicio de otras disciplinas artísticas y construir con ellas arquitecturas multitemporales y multiespaciales, extrañamientos que nos hacen pensar en las «heterocronías» y en las «heterotopías»[23]. Las posibilidades detrás de esas interacciones animaron a Alain Robbe-Grillet desde el comienzo de su carrera. Sus conversaciones sobre literatura no eran simples conversaciones sobre libros, eran conversaciones sobre libros, películas, música y cuanto se mencionara, diluyéndose poco a poco las fronteras entre una cosa y otra, convertidas todas al final en lo mismo, indistintas, iguales. No importaba si un diálogo se iniciaba con Albert Camus o Jean-Paul Sartre, si lo hacía con las composiciones e interpretaciones musicales de Anton Webern o Edith Piaf, lo que distinguía a las partes es que acababan en un todo. Y el cine solía tener más importancia que cualquier otra cosa porque daba la sensación de que su capacidad para contener a las demás artes, con sus respectivos tiempos y sus respectivos espacios, era mayor. También daba la sensación de que sus posibilidades no habían sido debidamente exploradas. En el cine, la inmediatez entre la cámara y la realidad limitaba la subjetividad, no era tan fácil caer en ella como en la literatura. Robbe-Grillet quería «cosificar» el mundo, devolverle su autonomía frente a nuestra capacidad para someter todo a nuestros caprichos psicológicos, a la supuesta supremacía de nuestra mente sobre todo lo demás. Si en la literatura había un aparente divorcio entre el significante y el significado, entre los signos con los que se construyen las palabras y lo que esas palabras finalmente significan, en el cine la posible brecha entre una imagen y lo que mostraba no parecía tan grande. Eso fue, en parte, lo que invitó a Robbe-Grillet a interesarse por el séptimo arte[24].

Una primera aproximación a esas posibilidades del cine para reflejar de manera más objetiva las ideas y las cosas se concretizó cuando Alain Resnais colaboró con Marguerite Duras para realizar *Hiroshima, mon amour* (1959), en cuya redacción ella y él se movieron a ciegas durante buena parte del proceso de escritura del guión, más largo de lo normal. En principio no iba a ser una película de ficción sino un documental, instigado por el productor Anatole Dauman, que contaba además con la colaboración de la productora japonesa Daiei, para la que iba a convertirse en la primera coproducción franco-japonesa de la historia. Resnais ya había trabajado con Dauman en *Noche y niebla*, en aquella ocasión partiendo de un guión escrito por el novelista y poeta Jean Cayrol. Cuando Resnais incorporó al proyecto sobre la bomba de Hiroshima a Marguerite Duras, tras dos meses de intentos fallidos para construir un documental y la conclusión final de que aquella película necesitaba ser una ficción narrada desde el punto de vista de una mujer extranjera y no japonesa, ambos mantuvieron a partir de cierto momento la idea de que la historia debía suceder en dos tiempos indiferenciados. Al igual que más tarde en *El año pasado en Marienbad*, el presente en *Hiroshima, mon amour* es algo así como una caja de resonancia del pasado, pero también un terreno donde se cuestiona la veracidad de lo narrado. En *Hiroshima, mon amour* el pasado es la desgracia personal que arrastra una actriz (Emmanuelle Riva) que va a Japón para rodar una película sobre la gran catástrofe colectiva que fue la explosión de la bomba atómica[25]; y en *El año pasado en Marienbad* el pasado es la historia que X pretende imponer a A, sobre su *affaire* amoroso el año anterior, que ella no recuerda y que él le cuenta una y otra vez de manera hipnótica y persuasiva[26]. La colaboración entre Resnais y Duras fue un éxito inesperado. El guión fue nominado al Oscar y en el Festival de Cannes tuvo mucho éxito y ganó un premio aunque no estuviese en la sección oficial porque la dirección del certamen no quería incomodar al gobierno estadounidense. Además, tanto Jean-Luc

Godard como Marguerite Duras, en un diálogo aparecido en *Cahiers du cinéma*, determinaron que la película debía ser considerada la primera de la Nouvelle Vague. Para Resnais fue un eslabón más en la cadena de colaboraciones con escritores que estableció a lo largo de su carrera, siempre en busca de textos con los que él pudiese subvertir las reglas de la narración clásica. «Mis películas —dijo en una entrevista— son encuentros y desvíos; son encuentros de varias mentes que no ven una novela como algo cerrado, definido, sino más bien como algo en continuo proceso creativo, la excusa perfecta para que a partir de sus páginas se establezca una amistad que haga avanzar la trama.»[27]

Capítulo V

Hay tres tiempos:
un presente de las cosas pasadas,
un presente de las cosas presentes
y un presente de las cosas futuras.

San Agustín

Delphine Seyrig y Alain Resnais durante un descanso de rodaje.

A finales de la década de los cincuenta, Alain Robbe-Grillet ya tenía un guión para rodar la que luego sería su primera película como cineasta: *L'Immortelle* (1963), pero no había conseguido financiación para realizarla aunque su presupuesto fuese bastante bajo. Su ópera prima literaria, *Les gommes*, había sido bien recibida por la crítica en 1953. Roland Barthes le expresó su admiración desde entonces y hasta su muerte, también Jean Cayrol. Este último estaba en aquel momento a punto de colaborar con Alain Resnais en el guión de *Noche y niebla*, ayudado por Chris Marker. Sin embargo, la relación entre Robbe-Grillet y Resnais tardó en producirse. Fue tras el éxito de *Hiroshima, mon amour* cuando los productores Pierre Courau y Raymond Froment le sugirieron a Resnais que aparcase un proyecto sobre Argelia, que en principio iba a ser un documental y luego terminó siendo *Muriel* (*Muriel ou le temps d'un retour*, 1963), y que le diese una oportunidad a Robbe-Grillet, para ver si juntos podían desarrollar algo interesante. Por así decirlo, se trataba de ver cuál podía ser el resultado de mezclar a uno de los mayores representantes de la modernidad cinematográfica con uno de los mayores representantes de la modernidad literaria[28].

Cuando Resnais y Robbe-Grillet coincidieron por primera vez, el primero le reconoció al segundo que jamás había leído sus libros y que lo conocía gracias a su popularidad entre los intelectuales y artistas de la época. Antes del primer encuentro entre ambos, Resnais había mostrado cierto recelo porque había oído comentarios sobre el mal carácter de Robbe-Grillet y, por si fuera poco, le intimidaba entrar en diálogo con el autor de libros que todos los críticos calificaban como difíciles y exigentes. Después de su feliz colaboración con Marguerite Duras, pensaba en realizar su siguiente proyecto, sobre la independencia de Argelia, con otra mujer; incluso había barajado posibilidades, como Simone de Beauvoir y Françoise Sagan. Robbe-Grillet, sin embargo, sí conocía algunas películas de Alain Resnais y desde el principio se mostró entusiasmado con la posibilidad de conocerlo, mucho más con la posibilidad de trabajar juntos. Como a Resnais, a Robbe-Grillet le gustaba la pintura, de manera que le habían gustado mucho sus cortometrajes sobre el *Guernica* de Pablo Picasso y sobre Vincent Van Gogh y Paul Gauguin. También le habían interesado sus demás trabajos, sobre todo *Hiroshima, mon amour*. Le parecía que las películas de Resnais no estaban sometidas por las leyes narrativas del cine convencional, además establecían interesantes experimentos con el montaje y el sonido. De hecho, ambos Alains se dieron cuenta de lo mucho que compartían en cuanto a gustos cinéfilos, artísticos y literarios[29]. Solo el interés de Resnais por los asuntos políticos e históricos de la época le quedaba un poco lejos a Robbe-Grillet.

Acordaron en su primer encuentro que a la semana siguiente Robbe-Grillet traería consigo cuatro esbozos para cuatro posibles películas, de entre los cuales Resnais elegiría uno. A este último le sorprendió, al leerlos, el enorme potencial fílmico de las cuatro propuestas. Podía dirigir cualquiera de ellas, eso al menos fue lo que le comunicó a Robbe-Grillet, sin especificar en ningún sitio cuál era el argumento de las descartadas. La elegida, obviamente, fue *El año pasado en Marienbad*, que en aquel momento todavía se titulaba *El año pasado*. Si tenemos en cuenta que Resnais por aquella época no había leído la novela de Adolfo Bioy Casares *La invención de Morel*, solo nos queda pensar que el añadido de Marienbad apareció durante el proceso de escritura del guión, mientras Robbe-Grillet consultaba fuentes que le estimulaban en aquel momento y de las cuales había extraído algún tipo de inspiración, cuando en una posible relectura de *La invención de Morel* encontró unas líneas en las que se describía a «gente que baila, que pasea y que se baña en la pileta, como veraneantes instalados desde hace tiempo en Los Tenques o en Marienbad». Marienbad, por supuesto, no significaba nada específico para Bioy Casares, tampoco para Robbe- Grillet. No significar nada no quiere decir, no obstante, que se trate de un vacío. La mera repetición de Bioy Casares a Robbe-Grillet ya indica algo, lo primero y más importante es que no es posible algo así como la repetición, ni de un objeto ni de un fenómeno: dos objetos idénticos nunca son iguales por completo, del mismo modo que dos fenómenos que suceden bajo circunstancias idénticas son distintos[30].

El guión necesitó dos meses para estar listo. Durante ese período, cada fin de semana Resnais y Robbe-Grillet intentaban reunirse y charlar sobre los avances en la historia, cuya visualización era minuciosamente desplegada por Robbe-Grillet en los márgenes de cada folio de texto. Trávelin, grúas, fundidos, giros de cámara, rupturas de *raccord*, introducción de piezas musicales, vacíos escénicos... Todo era especificado con descripciones bastante exhaustivas. Salvo las discrepancias comentadas con anterioridad, la complicidad entre Resnais y Robbe-Grillet se fue afianzando. Mientras esto sucedía, el equipo de rodaje iba formándose, se buscaban las localizaciones y el vestuario comenzaba a ser diseñado. Resnais había contratado a Jean Léon como primer asistente de dirección, después de haberle entregado una sinopsis de tres páginas, y le había encargado que buscase a los actores que iban a interpretar a M y X, junto a Delphine Seyrig. Muy pronto se llegó a la conclusión de que el rodaje en un palacio francés sería inviable porque resultaba demasiado caro y porque además en Francia no resultaba tan fácil encontrar palacios o castillos de estilo barroco. Fue así como apareció Múnich y los palacios y castillos de sus alrededores[31]. También fue así como de pronto el equipo de rodaje se vio obligado a buscar a un segundo asistente de dirección que hablase alemán y francés, que acabó siendo Volker Schlöndorff[32].

Robbe-Grillet dijo algo muy bello sobre la película en un programa de televisión: «en el futuro, los gestos y los objetos seguirán en las imágenes mucho antes de convertirse en algo, seguirán inalterables, en presente, no conocerán el pasado ni el futuro». Con esto quería decir que habrían muerto sus actores, su director e incluso el guionista, pero que quedarían las imágenes, impertérritas, ajenas al tiempo y los cambios, a los significados provisionales o definitivos. Quizás quienes intervinieron en ella eran conscientes mientras la rodaban y cada cual intentó protegerse como pudo. Durante el rodaje de la película, de hecho, se produjo una especie de escisión entre los actores y los técnicos. Los primeros se unieron y hasta en sus días libres procuraban estar juntos, como cuando hicieron una excursión común al campo de concentración de Dachau, que estaba bastante cerca de donde se alojaban. Los segundos también sentían cierta hermandad entre ellos, aunque cada cual tenía sus propios problemas; se daban cuenta de que en una película de las características de *El año pasado en Marienbad*, en la que nadie parecía saber qué historia estaban tejiendo, la precisión en el rodaje lo era todo. Para alcanzar esa precisión necesitaban ser cómplices absolutos de Alain Resnais, el único capaz de arrojar luz cuando todo alrededor del rodaje se transformaba en un mundo de tinieblas.

En *Souvenirs d'une année à Marienbad* (2010), Françoise Spira, que trabajó como figurante durante todo el rodaje, filmó con una cámara de súper 8 varias partes del rodaje. Una de las cosas más llamativas en sus tomas, que en conjunto no pueden considerarse un *making of* de la película, es la concentración que tenía el equipo y los actores cuando se filmaba. Spira los filmó y de pronto unos y otros se mimetizaban, *El año pasado en Marienbad* dejaba de ser solo lo que había frente a la cámara y pasaba a ser también lo que había detrás. El mundo del cine y el del balneario eran uno y el mismo. Equipo y actores se fundían. Únicamente cuando salían del trance del trabajo sonreían a cámara y se gastaban bromas, como si fuesen camaradas en una peligrosa misión que necesitasen liberarse de un poco de adrenalina, hablar de forma despreocupada. A veces los vemos pasear un perro, tomar el sol, vestir de manera casual. Es entonces cuando uno podría llegar a pensar en los métodos de la *nouvelle vague*, con rodajes distendidos, entre personas que se conocen y se profesan amistad, amor. De vuelta al trabajo es diferente. Para rodar *El año pasado en Marienbad* no se necesitó a un equipo pequeño, sino uno bastante numeroso, sobre todo por el desafío técnico que implicaba. Tampoco hubo espacio para la improvisación, como habría sucedido en una película de Jean-Luc Godard o François Truffaut. Y mucho menos se produjo en la película de Resnais un borrado entre la ficción y el documental. Incluso los actores que intervinieron en ella, aunque provenientes muchos de ellos del mundo del teatro, eran profesionales con cierta experiencia y no amateurs[33].

Capítulo VI

*El año pasado fuimos de aquí
a Marienbad. Y, ahora,
¿adónde iremos?*

W. G. Sebald

En *Vértigo*, W. G. Sebald confronta a uno de sus personajes con un grabado de la ciudad italiana de Ivrea, en el que reconoce la luz crepuscular aún almacenada en su memoria, varios años después de haberla visitado. La coincidencia, lejos de resultarle feliz, le lleva a la conclusión de que quizás su recuerdo no sea de la ciudad, desvanecida como un fantasma entre otros cientos de pequeñas ciudades europeas de presencia moribunda y costumbres anticuadas adonde suele ir durante sus vacaciones, sino del minucioso grabado. Todo eso le hace prometerse que en adelante no volverá a comprar grabados ni postales con hermosas vistas de las ciudades adonde vaya en sus viajes, porque —según él— ese tipo de imágenes al final desplazan a los recuerdos o los aniquilan, antes aun de que los lugares remotos donde le gusta esconderse de la vida moderna hayan desaparecido por la propia lógica de su moribundo ciclo vital. Para Sebald, el recuerdo no pertenece a los grabados, tampoco a otro tipo de imágenes[34].

Cuando me enteré de que entre el 10 de mayo de 2019 y el 5 de enero de 2020 el castillo de Norwich (en East Anglia, donde Sebald enseñó durante un tiempo) iba a exponer fotografías tomadas o seleccionadas por el escritor de origen alemán, novelas y ensayos con comentarios marginales suyos y bastantes objetos descritos en sus libros, no me lo pensé dos veces y fui una semana en Navidades. Vi la exposición dos veces, maravillado por la cantidad de fotografías que en general tomaba Sebald cada vez que se embarcaba en un proyecto; la mayoría acababan en cajas o archivadores vacíos, sin haber sido utilizadas. También me sorprendió comprobar que las que yo consideraba las mejores nunca eran las utilizadas finalmente en los libros; eran casi siempre las más accidentales las elegidas, fotografías sin especial relevancia, más atmosféricas o evocadoras que descriptivas. Según el catálogo, aquellas fotografías no solo eran una manera de tejer lazos entre un escritor y los materiales que elige para trabajar sobre ellos, también constituían una manera de tejer lazos entre la geografía y la historia, una de las obsesiones de Sebald. Había muchos paisajes campestres y urbanos, campos y jardines junto a calles desiertas. Y en algunas fotografías tomadas por amigos del escritor y otras de varios artistas británicos se veían dedos de la mano sosteniendo libros de Sebald abiertos en páginas donde aparecían imágenes frente al paisaje que se veía en las imágenes, capaces de provocar un extraño efecto cuando yo mismo pensaba en las dimensiones distintas entre la imagen y el texto impresos en la página del libro, y entre el paisaje en el que aparecía inscrita la fotografía y mi propia realidad circundante mientras la observaba. Ver aquellas imágenes me pareció en aquel momento como asomarme a un abismo. Me pareció, de hecho, uno de esos abismos en los que suelen caer los personajes de los relatos de Sebald en el curso de sus investigaciones.

Dado el elevado número de fotos que había en la exposición *In the Line of Sight* del castillo de Norwich, ningún visitante se habría extrañado si le hubiese contado que Sebald era, además de escritor y fotógrafo, un cinéfilo. Y me refiero a un cinéfilo de verdad, no a un cinéfilo cualquiera. A lo largo de su obra hay varias referencias a películas de ficción y documentales, pero en *Austerlitz* el espectro de *El año pasado en Marienbad* recorre la historia de principio a fin, con una parte de máxima importancia ambientada en el balneario «donde no se rodó la película», cuando el protagonista de la novela entra en una profunda depresión y una antigua compañera de universidad, con quien él mantuvo un frustrado romance en el pasado, le pide que vaya con ella a Marienbad, para acompañarla en sus investigaciones sobre la arquitectura de los balnearios europeos del siglo XIX[35]. Además de la película de Robbe-Grillet y Resnais, a Sebald le gustaba el cine en general pero sobre todo las películas con estructuras sofisticadas y literarias. Muchos amigos suyos lo recuerdan en visitas comunes al cine, para ver algún estreno de Roman Polanski, Bernardo Bertolucci o Terence Davies, después de los cuales solían hacer tertulias interminables en algún bar. También las películas realistas de Ken Loach y Mike Leigh. Y comedias. Tenía un conocimiento bastante aceptable del cine contemporáneo y bastante bueno del cine expresionista alemán, sobre el que Sebald dio un curso varios años seguidos en la Universidad de East Anglia. Conocía muy bien los clásicos de Paul Wegener, Robert Wiene, Friedrich Wilhelm Murnau o Paul Leni. Su película favorita de aquella época era *M, el vampiro de Düsseldorf* (*M: Eine Stadt sucht einen Mörder*, 1931, Fritz Lang). Lang era, de hecho, su cineasta favorito. Y en algunos de sus ensayos el tema se centra en el cine, como en uno titulado *Kafka va al cine*, o lo aborda dando rodeos, como en varios centrados en la obra de Alexander Kluge y Peter Weiss, en los que menciona a miembros del nuevo cine alemán, como Rainer Werner Fassbinder, Wim Wenders o Werner Herzog[36].

Volviendo a la referencia indirecta a *El año pasado en Marienbad* en la novela *Austerlitz*, Sebald describe cómo una antigua compañera del protagonista acude en su ayuda cuando se entera de que él está atravesando un período de depresión profunda, con el pretexto de que la ayude con un tema académico, pero también para reactivar el amor que nunca llegó a nada entre ellos. Todo va bien los dos primeros días, al tercero, sin embargo, algo cambia. Él se despierta con angustia y comienza a mostrarse distante hacia ella, que se asusta y al mismo tiempo se siente decepcionada por el cambio. Un día antes de despedirse, seguramente para siempre, ella le pregunta si sabe que al día siguiente es el cumpleaños de él. «Mañana, en cuanto nos despertemos, te desearé toda la felicidad del mundo, y será como si deseara a una máquina, cuyo mecanismo desconozco, un buen funcionamiento. ¿Puedes decirme por qué, desde que estamos aquí, eres como un estanque helado?» Años más tarde, a través de una amiga de la familia, Austerlitz se entera de que él ya había estado antes en Marienbad. Había sido justo el año en que sus padres lo despidieron en la estación de tren, para desde allí ir camino de Gran Bretaña y ser adoptado con apenas cinco años, poco antes de que toda su familia real desapareciese, su madre en el campo de concentración de Terezin, desde donde luego fue enviada a Auschwitz y gaseada nada más llegar[37].

Marienbad como último punto de encuentro, Marienbad como el límite a partir del cual el recuerdo se disipa y la memoria se vacía. Durante la filmación de la película de Alain Resnais sucedió algo, según nos muestra Françoise Spira en *Souvenirs d'une année à Marienbad*. Un día de descanso, varios miembros del reparto y del equipo técnico decidieron ir de excursión al campo de concentración de Dachau, en la localidad del mismo nombre, a tan solo 13 kilómetros de Múnich. Mientras narra con su *voice-over* lo que vemos en las imágenes, Volker Schlöndorff recuerda la felicidad de todo el grupo. Parecía una excursión escolar. Sin embargo, a la entrada del campo la cámara dejó de filmar pero la narración que acompaña a las imágenes de las inmediaciones recuerda, con una perplejidad nunca disipada, la apariencia de normalidad del entorno, como si allí no hubiese sucedido nada fuera de lo común. Por supuesto, Schlöndorff en ese momento de la película está recordando el texto que Jean Cayrol escribió para *Noche y niebla*, cuando la cámara explora la zona exterior del campo de exterminio de Auschwitz-Birkenau. Después de ver esto último, nadie que haya visto *El año pasado en Marienbad* puede evitar un temblor en el recuerdo de sus imágenes. Ya no. Es como sí, casi cincuenta años después de su rodaje, al estrenarse por primera vez *Souvenirs d'une année à Marienbad*, el deseo de Alain Resnais de introducir en la película noticias del exterior y, por así decirlo, contextualizarla, se hubiera cumplido de una manera siniestra.

Mark Rappaport, en su genial *Last Year in Dachau* (2020), incluye el trabajo de Françoise Spira para hacer un análisis de *El año pasado en Marienbad* y añade, además, un cruce fortuito (un *crossover* en términos más actuales) entre *Senderos de gloria* (*Paths of Glory*, 1957, Stanley Kubrick) y la película de Resnais y Robbe-Grillet: ambas fueron rodadas parcialmente en el Palacio de Schleissheim, sin que una tuviese noticia de la otra, la de Kubrick por motivos obvios (porque él no podía predecir el futuro aunque a lo largo de su carrera, con la mayoría de sus películas, lo fuese construyendo poco a poco) y en el caso de la de Resnais y Robbe-Grillet porque deseaban, secreta pero también inútilmente, hacer una obra inmortal, alejada del tiempo (algo, como vemos, imposible). En el ensayo fílmico de Rappaport, las imágenes de una película y otra dialogan, se superponen, los actores de una preguntan y los de otra responden, unos suben las escaleras que otros bajan, mientras los jardines se muestran en ambas impertérritos, ante los desastres e injusticias de la Primera Guerra Mundial y ante la situación de encierro que parecen vivir los huéspedes en el tiempo sin tiempo de *El año pasado en Marienbad*.

Cuando yo mismo visité el Palacio de Schleissheim en noviembre de 2023, durante la redacción de este libro, hice un par de descubrimientos dignos de ser mencionados, como su uso durante la Segunda Guerra Mundial, cuando sirvió de almacén para las obras de arte y objetos antiguos robados por los nazis en toda Europa. Cada uno de ellos fue catalogado, hasta sumar algo más de 21.000 hacia el final de la guerra. Eran cuadros de los grandes maestros, cuberterías, jarrones, ceniceros, mobiliario, armaduras, escudos nobiliarios, primeras ediciones, libros autógrafos, manuscritos... La mayor parte de aquel tesoro continental pertenecía a familias judías, a las cuales se pretendía desposeer de su patrimonio, en un proceso sistemático e implacable cuyo último objetivo era deshumanizarlas, reducirlas a la desnudez y entonces ensuciarlas en guetos, transportes extenuantes en trenes atestados, campos de trabajo cubiertos por el barro o campos de exterminio donde unos y otros luchasen contra sí por su supervivencia. El trabajo de catalogación, una vez llegaba mercancía incautada al palacio, incluía varios libros de registro, un archivo fotográfico, el etiquetado de absolutamente todo y su disposición ordenada en cada una de las estancias del palacio, que durante la guerra fue alcanzado por varias bombas de la aviación aliada. Es decir, hacían falta oficiales, suboficiales, soldados, administrativos, conductores, carpinteros, embaladores, operarios, cocineros y, en general y para cuanto sucedió en Alemania durante la Segunda Guerra Mundial, la complicidad de buena parte de la población. Hubo robos de muchos cuadros y objetos de valor, por parte de militares y por parte de civiles, unos por afán de lucro y otros por instinto de supervivencia. Eso, las bombas que alcanzaron al palacio y los espacios vacíos en los que a veces parecen desaparecer las cosas sin que sepamos adónde han ido o quién se las ha llevado, dificultó al término de la Segunda Guerra Mundial el trabajo de los

Monuments Men, a los que George Clooney dedicó una película en 2014 y que se encargaron de volver a catalogar los objetos de valor almacenados en Schleissheim y de otros que fueron llegando allí, provenientes de diferentes partes de Europa, muchos para ser devueltos a sus dueños o a sus familiares, también para ser incautados cuando la pertenencia resultaba dudosa porque no podía ser probada siguiendo los requerimientos que puso el ejército estadounidense, en cuyo caso esos cuadros u objetos valiosos iban rumbo a Estados Unidos, para formar parte de las grandes colecciones y los grandes museos dispersos por el país, construidos a veces de manera ilícita.

Resulta extraño que *Senderos de gloria* y *El año pasado en Marienbad* parezcan dialogar, pero resulta más extraño aún que *Monuments Men* (*The Monuments Men*, 2014, George Clooney) no dé la sensación de hacerlo con estas últimas a pesar de también haber sido filmada en parte en el Palacio de Schleissheim. Quizás el presente esté demasiado ensimismado en sí mismo. Lo que hace distintiva a *El año pasado en Marienbad* es su visión de los jardines donde se rodó la celebre escena en que solo los personajes proyectan su reflejo sobre el suelo pero no los setos, que no existían antes de que llegase el equipo de rodaje de la película de Resnais y que se quedaron a su término porque les gustaron a los administradores del palacio. Robbe-Grillet al verlo, en un pase del primer montaje de *El año pasado en Marienbad*, dijo que le sorprendió el parecido entre el jardín y un cementerio[38].

Capítulo VII

A lo largo de los rectos senderos, entre las inmutables estatuas, estabas -ya entonces- perdiéndote para siempre en la noche tranquila, a solas conmigo.

Alain Robbe-Grillet

Todo el equipo el último día de rodaje.

Cuando nos preocupamos por los cineastas que realizaron una película interesante o sobresaliente y de los cuales luego ya no volvimos a saber nada; cuando nos llama la atención eso que suele considerarse una «película isla», como *Los 5.000 dedos del doctor T* (*The 5,000 Fingers of Doctor T*, 1953, Roy Rowland), porque supone reconocer la aparición de una obra maestra en la filmografía mediocre de un cineasta de quien no cabría esperar demasiado; o cuando deseamos que se encuentre el metraje de las películas supuestamente perdidas, que se monte el de las películas nunca terminadas o que se evoquen fílmica, literaria o pictóricamente aquellas que no llegaron siquiera a comenzarse y quedaron como proyectos, en realidad no nos preocupamos por lo que las personas hacen con el cine sino más bien por lo que el cine hace con las personas. Robert Bresson casi siempre trabajó con actores no profesionales a los que llamaba «modelos»:

los invitaba a interpretar un papel en una de sus películas y luego los devolvía a sus vidas, seguramente para protegerlos del cine, consciente de lo que se gana y pierde dedicando una vida a ese medio. Saber este tipo de cosas, preocuparse por ellas, no se debe a nuestro espíritu morboso, al menos no es así en mi caso; se debe más bien al deseo de conocer los contornos del cine, para saber a qué se arriesga uno cuando pretende introducirse en su territorio, cuál es el precio a pagar por querer hacer una película y cuál por lograr hacer una obra maestra; cuándo y dónde y por qué resulta más fácil o más difícil conseguir los propósitos que determinan el deseo de hacer cine... Y, en definitiva, lo que nos preocupa es saber qué es el cine, qué es una película y qué es una obra maestra; de qué están hechos y para qué sirven el cine, las películas y las obras maestras. También nos preocupa qué había antes del cine; nos preocupan las películas y las obras maestras y qué queda detrás de todo eso, cuando ya solo quedan las imágenes o su posible historia.

Creo que, en ese sentido, *El año pasado en Marienbad* es un ejemplo ilustrativo, especialmente si comienzo con el propio Alain Resnais, cuya carrera siguió ofreciendo obras maestras y grandes películas después, pero ninguna de ellas consiguió despertar ni el entusiasmo ni el rechazo que alcanzó gracias a su colaboración con Alain Robbe-Grillet ni la unanimidad crítica que había obtenido su obra previa. Durante sus restantes 53 años de carrera tuvo mejor o peor suerte, algún éxito de taquilla en Francia, como *On connaît la chanson* (1997), sin volver a convertirse en ningún momento en el centro de ningún debate, a no ser por algo relacionado con *El año pasado en Marienbad* o por alguna de sus obras anteriores. 53 años. C-I-N-C-U-E-N-T-A Y T- R-E-S. Da la sensación de que algo de él ya no volvió a ser igual. Serge Daney[39] lo explicaba muy bien cuando se refería a un cineasta con quien se había convertido en cinéfilo («cine fil», «hijo del cine») y con quien acabó teniendo la sensación de que ya no volvió a interpelarle después de *El año pasado en Marienbad*. Parafraseando a Jean-Luc Godard, a Serge Daney debió de darle la sensación de que de producir «imágenes únicas», Alain Resnais pasó a producir «únicamente imágenes». Cuando el crítico francés se refería a las películas de Resnais que le habían resultado vitales para transformar su visión del cine, se refería primero a *Noche y niebla* porque su padre, un actor judío de origen centroeuropeo, había muerto en un campo de concentración y él siempre creyó ver su imagen emergiendo de entre las imágenes del cortometraje de Alain Resnais.

La suerte de Alain Robbe-Grillet después de *El año pasado en Marienbad* no fue mucho mejor. Difícilmente realizó una sola entrevista en adelante, con motivo de la aparición de uno de sus libros o de una de sus propias películas, en la cual no le hiciesen alguna pregunta relacionada con ella. Marienbad esto, Marienbad lo otro. La palabra Marienbad lo persiguió de por vida y debió de convertirse en una carga atroz a medida que sus películas dejaban de convocar el interés de la crítica y se convertían en algo así como cine Z de autor, y a medida que sus libros vendían cada vez menos (y nunca vendieron demasiado), y él tuvo que compaginar sus aventuras artísticas con la docencia en Estados Unidos los últimos cuarenta años de su vida. Cuarenta años explicando *El año pasado en Marienbad*, cada vez de una manera, cada vez con más desgana. Según él, ni A ni X consiguen escapar al final de la película. Según la película, Robbe-Grillet tampoco consiguió escapar de ella jamás[40].

El director de fotografía Sacha Vierny comenzó su carrera en solitario con Alain Resnais, encargándose de la parte francesa de *Hiroshima, mon amour*, una decisión que habría intimidado a cualquier otro pero no a él. Para entonces ya tenía 40 años y llegaba al mundo del cine tras haberse dedicado al procesado de fotografía. Su padre, que había sido joyero, fue quien le ayudó a concebir el tipo de imágenes que caracterizan su obra, capaces de atenuar el efecto de la luz durante el día y de solidificarlo durante la noche. En ese sentido, *El año pasado en Marienbad* fue su trabajo más destacado, donde su talento, entre las técnicas de guerrilla de Raoul Coutard y la rigidez formal de Henri Decae, quedó más de manifiesto. No es de extrañar que su carrera, en realidad, haya quedado definida por sus trabajos para Alain Resnais, con quien pudo experimentar constantemente, porque no le gustaba hacer dos trabajos iguales o similares. Según Resnais, a Vierny lo definía una especie de «solemnidad renacentista», similar —también según Resnais— a la de las colaboraciones de Eduard Tisse con Sergei M. Eisenstein. Nunca fue nominado al Oscar, tampoco ganó premios en los grandes festivales y nunca —esta vez en mi opinión— superó su trabajo en *El año pasado en Marienbad*, que era la película favorita de Peter Greenaway, con quien Vierny colaboró los últimos años de su carrera, sin llamar nunca la atención como lo hizo cuando se encargó de la fotografía de la película de Alain Resnais y Alain Robbe-Grillet[41].

Los productores Pierre Courau y Raymond Froment casi no se habían dedicado al cine antes de apostar por Resnais y Robbe-Grillet, y después de *El año pasado en Marienbad* vivieron vidas razonablemente largas pero apenas se dedicaron al cine, que abandonaron definitivamente en la década de los setenta. Desaparecieron del mapa. De hecho, fueron de muy poca ayuda cuando Cannes no aceptó la película y cuando Breton quedó horrorizado en un pase privado.

Su actitud cambió con las primeras impresiones después de que la película conquistase el León de Oro en el Festival de Venecia y de que fuera nominada al Oscar a la Mejor Película Extranjera.

Delphine Seyrig fue hija de un diplomático, de ahí su accidentada vida, tras nacer en Líbano, vivir su infancia en Estados Unidos y hablar en inglés fuera de casa y en francés con su madre, de origen suizo. Desde muy pronto quiso ser actriz, enamorada del teatro y del cine por igual. A los quince años ya había debutado delante de las cámaras, en un serial sobre Sherlock Holmes para la televisión francesa, y luego llegaron el Actor's Studio, su breve aparición en la primera película de Robert Frank, el teatro, su encuentro con Alain Resnais y *El año pasado en Marienbad*, que en realidad fue su bautismo como actriz principal, después de que Anouk Aimée rechazara el papel porque *Lola* (1961, Jacques Demy) le pareció una oferta mucho mejor y más comprensible. Aimée, no obstante, ya tenía una carrera tras ella, Seyrig estaba a punto de comenzar la suya, que de hecho se estancó en la película de Resnais y Robbe-Grillet o esa fue la impresión de ella al escuchar a todos los directores con quienes trabajó a continuación, que siempre querían una interpretación similar a la de *El año pasado en Marienbad*. Françoise Truffaut, Jacques Demy, Joseph Losey. Luis Buñuel, Fred Zinnemenn o Don Siegel le pidieron que mantuviese el aire distante de diva de su primer largometraje; es decir, le pidieron que mantuviese para ellos el aura de una estrella, un poco a la manera de Greta Garbo, a quien solían compararla. Todo eso acabó resultándole opresivo, hasta que en los setenta comenzó a trabajar con cineastas femeninas con las cuales fue capaz de experimentar y buscar nuevos registros interpretativos, especialmente en *Jeanne Dielman, 23 Quai Du Commerce,*

1080 Bruxelles (1975, Chantal Akerman) o *India Song* (1975, Marguerite Duras)[42].

Giorgio Albertazzi fue primero militar y luego todo lo demás. Alcanzó el rango de teniente cuando se adhirió con otros militares fascistas a la República de Saló, por lo cual fue encarcelado dos años al término de la guerra. Poco después de salir de la cárcel, trabajó en una producción teatral de una obra de William Shakespeare dirigida por Luchino Visconti, con quien siguió colaborando en el teatro y a veces intervino en sus películas, siempre sin acreditar, como figurante. Su apariencia, de galán italiano de otra época, se lo puso fácil para intervenir en papeles o películas de poca importancia. Su conocimiento del francés, que había aprendido mientras estudiaba arquitectura en Suiza, le ayudó a conseguir una prueba para intervenir en *El año pasado en Marienbad*. Por experimentar, le pregunté recientemente a varios amigos muy cinéfilos los nombres de los actores principales de la película de Resnais y Robbe-Grillet y solo se acordaban de Delphine Seyrig, ninguno fue capaz de recordar a Giorgio Albertazzi, en cuyo obituario se hablaba sobre todo de su trabajo en el teatro, y mucho menos a Sacha Pitoëff, un actor de origen ruso con una extraordinaria cultura, a quien Volker Schlöndorff recuerda todavía hoy porque fue él quien lo introdujo en la obra literaria de Robert Musil, que luego le sirvió al cineasta alemán cuando escogió la novela *El joven Törless* para escribir un guión a partir de ella y luego dirigir el que sería su primer largometraje, en 1966. Sus papeles fueron siempre demasiado breves, a no ser en el teatro, donde nunca llamó excesivamente la atención. No valió de mucho que interviniese en varias producciones estadounidenses, gracias a sus facciones y su conocimiento del inglés (que hablaba con acento ruso). Con el tiempo se convirtió en una especie de ornamento para ciertos directores, que lo utilizaban en películas con argumentos y repartos internacionales, en general en dos o tres secuencias. En *El año pasado en Marienbad* no aparece en pantalla ni un tercio de la película, aunque tiene un protagonismo indiscutible; en otras películas suyas a menudo aparece de cinco a diez minutos por regla general. Solo hacia el final de su carrera como actor de cine, antes de dedicar los diez últimos años de su vida al teatro, aceptó un último papel cuando Dario Argento se acercó a él con la promesa de convertirlo en protagonista de *Inferno* (1980) si era capaz de recuperar el mismo tipo de interpretación que había hecho en *El año pasado en Marienbad*. Al final, no aparece en pantalla ni una cuarta parte de la película de Argento, que fue la última que hizo.

Se dice que Alain Resnais y Florence Malraux, que fue asistente de él en *El año pasado en Marienbad*, se conocieron durante el rodaje de la película, se enamoraron y luego se casaron. También Sacha Pitoëff y Luce Garcia-Ville se enamoraron mientras intervenían en la película, pero en su caso se casaron poco después; para ella, era su primera interpretación delante de una cámara y los diez años siguientes no volvió a trabajar en cine, más interesada en el teatro y en el activismo feminista, como Delphine Seyrig y como Delphine Seyrig murió joven, jovencísima, a causa de un cáncer. ¿Y qué decir de Françoise Spira, que tenían 33 años cuando intervino en *El año pasado en Marienbad* y 36 cuando se suicidó? Podríamos decir que 45 años después de su muerte se convirtió en directora de manera póstuma, gracias al novio que tenía al final de su vida, en cuya casa abandonó todas sus pertenencias, que se trasladaron en cajas al sótano, donde estuvieron durante décadas, hasta que entre su ropa se encontraron diez cintas de película en Súper 8 con las que luego se montó *Souvenirs d'une année à Marienbad*.

Notas

1.-Por así decirlo, y utilizando una metáfora propuesta por Benjamín Labatut en *La piedra de la locura* (Anagrama, Barcelona, 2021), Auerbach «se salió del libro» para escribir el suyo propio. En lugar de sintetizar todos los libros sobre Homero y *La Odisea* en uno, que es lo que hasta entonces solían hacer quienes le habían precedido, sustituyó todos los libros por el que él mismo escribió. Es decir, consiguió desprenderse del fardo de la tradición académica y, aun así, fue capaz de ser moderno sin dejar de ser clásico. Pudo escribir porque se liberó de los libros previos. Escribió porque dejó de leer. Abandonó el tablero pero siguió jugando.

Hay juegos, como el ajedrez, en los cuales los jugadores antes de jugar suelen estudiar y analizar partidas del pasado; también utilizan potentes ordenadores para establecer variables posibles o desplegar estrategias, siempre con intención de adelantarse a sus adversarios. Unos y otros intentan adivinarse, cartografiar el mapa de sus futuras partidas, anticipar los movimientos propios y ajenos. Se trata de algo parecido a adentrarse en un libro más que tu rival, si quieres vencerlo. Cuanto más lejos llegues en la lectura, mejor. Todos lo saben, por eso se desemboca en tablas en tantas partidas, porque todos los jugadores leen el libro hasta su última página, hasta sus últimas consecuencias, en busca de desvíos, senderos poco transitados. Pero las variables son las que son y las páginas también. Y, en general, ganan quienes «se salen del libro».

En *El año pasado en Marienbad*, M (Sacha Pitoëff) propone cuatro veces un juego parecido al nim a otros personajes de la película y les advierte que siempre gana, no porque no pueda perder sino porque eso nunca le ha sucedido. Da igual si comienza o no, el resultado siempre es el mismo: gana a pesar de las especulaciones y cálculos de los demás personajes, de sus estrategias. M parece vivir «fuera del libro», como la película parece vivir fuera de la historia del cine y como el *nouveau roman* (que es el movimiento que abanderó Alain Robbe-Grillet, el guionista de *El año pasado en Marienba*d) pretendió en su día vivir fuera de la literatura.

El término *nouveau roman* lo acuñó el crítico Émile Henriot al referirse a la novela *Tropismos*, de Nathalie Sarraute. Puede entenderse como una reacción contra la novela decimonónica, sobre todo contra la novela realista al estilo de Honoré de Balzac y la naturalista al estilo de Émile Zola. Eso llevó a que se considerase el movimiento y muchas de sus novelas como «antiliteratura» y «antinovelas», también como literatura objetiva y como literatura de la mirada. Lo que nunca pretendió ser el *nouveau roman* fue un cierre a la novela, de ahí que los miembros del movimiento nunca hablasen de «fin de ciclo» sino más bien de «transformación». Algunas de sus características son la simultaneidad espacial, la reducción de la vida interior de los personajes, la invención del mundo por medio de un trabajo exhaustivo con los escenarios de la historia (que han de ser lo más precisos y realistas posibles) y un borrado de cualquier contexto temporal concreto aunque no del tiempo. Traducido lo anterior al mundo del cine, se podría ver como un uso generalizado del plano general o las panorámicas, para evitar la dialéctica plano/contraplano; un uso de primeros planos de los actores cuando no tienen nada que decir y sus rostros dan sensación de inexpresividad, y una minuciosa intervención en el diseño de producción y en la forma en que se presenta el espacio escénico, dotándolo de personalidad propia, sin permitirle pertenecer a ningún lugar en particular, y haciéndolo aparecer de manera extemporánea, como si los acontecimientos pudiesen suceder en cualquier momento.

Si trasladamos esas señas de identidad a *El año pasado en Marienbad*, nos damos cuenta de que hay muchos planos generales (e insisto en el término «plano» a causa de la dificultad que implicaría hacer una *decoupage* de la película para establecer sus escenas y secuencias) donde aparecen muchos personajes, casi siempre en silencio y ajenos a la cámara. Hay asimismo una sensación cinética constante, con pocas tomas estáticas y muchos movimientos en grúa o trávelin, recorriendo espacios, a veces fáciles porque son pasillos en los que la cámara solo parece interesada en registrar molduras y ornamentos, certificando el estilo barroco del palacio y los castillos elegidos por Alain Resnais en Múnich y sus alrededores, y mostrándolos de manera simultánea, sin que sepamos nunca en cuál estamos y convirtiéndolos en la película en uno solo. Así, cabe decir que Marienbad no es un lugar, es un espacio; Marienbad ni siquiera es Marienbad. Marienbad no está en el tiempo, por mucho que se cuente que el año pasado A (Delphine Seyring) y X (Giorgio Albertazzi) se conocieron allí o que en 1929 se congeló el agua del estanque que hay en los jardines del balneario y que esa congelación del agua del estanque también pudo tener lugar «el año pasado».

2.-Uno de los comentarios que Resnais hizo del guión de Robbe-Grillet durante la filmación de la película fue que en algunos casos la extensión de alguna frase sobrepasaba con mucho la longitud del pasillo que tenía que atravesar la cámara al tiempo que la *voice-over* la declamaba. Por eso algunos planos tuvo que rodarlos en estudio, alargando los decorados lo suficiente para que las palabras nunca se quedasen a medias, como si no solo el tiempo sino también el espacio pareciesen los materiales de la eternidad y la narración pareciese deslizarse por la caja de resonancia del infinito. Las palabras, las frases y los párrafos debían ser capaces de atravesar el balneario de la película de una manera similar a las palabras, las frases y los párrafos mientras atraviesan nuestro cerebro, con un ritmo propio, una veces mudo, otras sonoro, unas veces fluido, otras estático, siempre sin interrupciones, en una secuencia cuya lógica no es exactamente nuestra lógica aunque se parezca mucho. De manera que la estructura de las imágenes en *El año pasado en Marienbad* es algo así como la arquitectura del cerebro, de la memoria; y cuanto sucede dentro de esa arquitectura son sus pensamientos, sus recuerdos, su sustancia.

Al pensar en esto, es difícil no pensar en los mensajes neumáticos que siguen una tortuosa red de tuberías, cruzando las diferentes salas de la Biblioteca Nacional francesa en *Toda la memoria del mundo* (*Toute la mémoire du monde*, 1956), con desvíos constantes. Quizás el balneario de *El año pasado en Marienbad*, como la Biblioteca Nacional francesa en *Toda la memoria del mundo*, no sea un simple edificio y sea un cerebro, el almacén de la memoria, algo sobre lo que el guión de Robbe-Grillet (con sus frases y letanías inacabables, más largas que todo pasillo imaginable) comienza a enroscarse con el movimiento sinuoso de una serpiente. Se trata de una serpiente que en principio ejerce su carácter hipnótico sobre el espectador y luego concentra su energía en A, para convencerla de que ella y X se conocieron el año pasado y se juraron amor eterno antes de separarse, y ahora tienen la posibilidad de reeditar aquel amor y huir juntos o vivir condenados a un recuerdo cada vez más lejano, más inimaginable, más difícil de compartir.

3.-Resnais, sin embargo, pidió a los responsables de Eastmen Kodak un tipo de película parecida a la utilizada durante el período mudo, por si aún les quedaban existencias. Quería para *El año pasado en Marienbad* una textura visual acorde al palacio y los castillos donde la rodó, con una luz ligeramente sobreexpuesta para crear con ella un halo en algunas imágenes. Pero esa impronta retro también quería trasladarla a los actores, a quienes obligó a teatralizar y desnaturalizar muchos momentos, como sucedía durante el período mudo, en aquella época porque la expresividad acentuada hacía olvidar el silencio de las interpretaciones.

4.-Conviene recordar que la narración en *voice-over* tiene muchas funciones en las películas: la principal quizás sea la capacidad de acompañar y clarificar las imágenes; la más importante, sin embargo, es la de atrapar y someter al espectador, penetrar en su voluntad y hacerse con ella. Cuando a Alain Resnais le sugirieron en el Festival de Cannes que doblase la voz de Giorgio Albertazzi en *El año pasado en Marienbad* para que de verdad sonara francesa, él se negó. «Sin esa voz -dijo en una entrevista televisiva- la película dejaría de existir.» Lo cierto es que esa voz tiene una especie de poder, algo difícil de explicar que a mí me hace creer en ella, seguirla a donde me lleve.

En una película, sin la mediación de las palabras escritas en la literatura, la *voice-over* multiplica su poder de convicción gracias a las imágenes, más en *El año pasado en Marienbad*, en la que nadie, salvo esa voz, parece capaz de sobreponerse al embrujo que domina a los personajes. Serge Daney decía en un número de marzo de 1983 de *Cahiers du cinéma* que «cuando la comprensión de una película parece depender de una *voice-over*, le otorgamos nuestra completa y estúpida confianza. La *voice-over* es el canto de sirena del cine». Si se piensa al respecto, la voz de Giorgio Albertazzi en *El año pasado en Marienbad* no solo nos hipnotiza a los espectadores sino que además acaba haciendo buenas tanto las palabras de Resnais como las de Robbe-Grillet al decir que la película trata básicamente sobre «la seducción y la conquista», la seducción y conquista de A a través de la voz de X, también la seducción y conquista de un relato a partir de un argumento que en principio no lo admitía. En Marienbad no hay más historia que un deambular eterno, con figuras estáticas o en movimiento, sin que en ningún caso parezca existir un principio que determine sus nombres o acciones; únicamente X consigue salir de ese bucle al convencer a A para que huya con él del balneario.

5.-Alain Robbe-Grillet planteó muchas de sus novelas y películas como cámaras de tortura donde el tiempo no existe en paralelo ni hay niveles para el pasado, el presente y el futuro; donde el tiempo se confunde y amalgama, envolviendo, atrapando y oprimiendo a sus personajes, hasta que un estallido de violencia los libera, al menos de manera temporal. Ese planteamiento también quiso aplicarlo a *El año pasado en Marienbad*, con una escena en la que A era violada, pero Resnais no la aceptó. A cambio, este último introdujo hacia el final un plano ambiguo de M encarando con un arma a A, sin que sea posible establecer si el arma se dispara, si la bala alcanza a A y si todo eso, de suceder, es enteramente real o no, porque muy poco después A y X consiguen huir del balneario en mitad de la noche.

6.-El grandísimo Harry Berger Jr., a quien convendría contratar como crítico de cine para encontrarnos de vez en cuando alguna felicidad en las revistas especializadas y en las historias del medio, dice en *Fictions of the Pose. Rembrandt Against the Italian Renaissance* (Standford University Press, Redwood City, California, 2000) que una de las obsesiones recurrentes en el Renacimiento era la construcción de «heterocosmos», mundos en paralelo al nuestro, donde los artistas pudiesen experimentar con posibilidades no aceptables ni aceptadas en el coto vedado de lo real. No se trataba de crear espacios foráneos a la mirada sino de añadírselos a los paisajes de siempre, pero marcando las distancias entre unos y otros. La apariencia de ambos espacios, el real y el ficticio, no tenía por qué ser muy diferente; de hecho, el punto estaba en que fuesen bastante parecidos y que aun así no se tocasen, ni se mezclasen. Quizás el verdadero punto era que no se invalidasen, tan solo que fueran capaces de existir al mismo tiempo, como mundo y como espejo del mundo, como realidad y como su imagen. De ese modo, cuando se introdujese un elemento disyuntivo en uno de ellos, se podría observar mejor su pertinencia y su significado a partir de su ausencia en el otro o de las diferentes perspectivas desde las que se lo observaba en ambos. Será desde esos pasillos ocultos, desde esos subterráneos, desde esos túneles, desde donde este libro sobre *El año pasado en Marienbad* se multiplicará, convertidas sus notas a pie de página en algo así como un discurso crítico paralelo, su heterocosmos.

7.-Harris, Mark, '*Marienbad' Returns, Unsettling as Ever, The New York Times*, Nueva York, 13 de enero de 2008. Esta reflexión sobre el efecto que *El año pasado en Marienbad* tuvo en los espectadores estadounidenses cuando se estrenó, me recuerda a la *Historia del guerrero y la cautiva*, un cuento donde Jorge Luis Borges narra la historia de un bárbaro que durante el asedio de Rávena en el siglo VII quedó tan cautivado por las estatuas, edificaciones y jardines, en cuyo diseño y articulación intuía una inteligencia inmortal, que finalmente se pasó al bando de sus enemigos y defendió la ciudad, perdiendo su identidad al hacerlo pero convirtiéndose en parte de una identidad que acabaría sobreviviéndole y sobreviviendo a su pueblo.

8.-En ocasiones, al pensar en mi fascinación por *El año pasado en Marienbad*, que casi siempre he tenido que ver solo porque a nadie que yo haya conocido le gusta tanto como a mí, pienso en los hombres-libro de la novela *Fahrenheit 451* de Ray Bradbury y de la película homónima de François Truffaut. Pienso en ellos porque me pienso a mí mismo no como un hombre-libro sino como un posible hombre-película, aunque sé bien la dificultad de que algo así se haga realidad. Los artistas Ángela Milano y Julián Pacomio saben mucho sobre eso y lo mostraron en su *performance Psycho* de 2019, en la que cada uno de ellos intentaba reproducir verbal y gestualmente una de las versiones de la película *Psicosis*. No recuerdo si ella se encargaba de la de Alfred Hitchcock y él de la de Gus Van Sant, lo que sí recuerdo era que en aquel proyecto absurdo ambos dejaban muy claro que las imágenes, a diferencia de las palabras, no admiten ser memorizadas. Yo mismo, pese a la cantidad de veces que he visto *El año pasado en Marienbad*, me veo incapaz de abarcar del primer al último detalle de cada encuadre de la película, reproducir los sonidos diegéticos, la banda sonora y los diálogos, mucho menos de imitar las voces de sus actores. El viento, la noche... Truffaut adoraba la película de Resnais. Su fascinación, sin embargo, tenía como centro a Delphine Seyrig. Lo que Resnais había hecho con ella era lo que a él le gustaría hacer con todas las actrices que trabajasen para él y fue lo que él mismo intentó con Seyrig cuando rodaron juntos *Besos robados* (*Baiser volés*, 1968). Muchos cineastas trabajaron con la actriz francesa, más que por sus dotes dramáticas, por la posibilidad de clonar su interpretación en *El año pasado en Marienbad*. En ese sentido, no es una actriz proteica, distinta, capaz de ser múltiples personajes, de sugerir múltiples personalidades; es una actriz cuyo trabajo se parece al de los actores del Hollywood clásico, ensayando casi siempre la misma actuación y al mismo tiempo destilándola, mejorándola, como haría un cantante sobre escenarios diferentes a lo largo de su carrera, para ensayar constantemente una interpretación definitiva que nunca llega, una interpretación que se pospone una y otra vez, quizás hasta el año que viene, en Marienbad.

9.-Fue, en realidad, en dos conferencias radiofónicas emitidas el 7 y el 21 de diciembre de 1966 por la emisora France-Culture donde Foucault habló por primera vez de heterotopías, espacios donde todos los tiempos convergen, donde todo se amalgama. Ese fenómeno él lo explora en novelas como *La tentación de San Antonio*, en la que Gustave Flaubert ensayó con su arsenal enciclopédico e introdujo a través de referencias a veces oblicuas y otras más obvias sus vastos conocimientos sobre arte, mitología, historia, teología, metafísica o literatura. Por eso Foucault prefería referirse a la novela como «un libro entre libros», un libro construido de otros libros y, pese a ello, un libro muy idiosincrásico, un libro de personalidad incuestionable. En él, «lo imaginario no se constituye contra lo real para negarlo o compensarlo; se extiende entre los signos, de libro en libro, en el intersticio de las citas y los comentarios; nace y se forma en el intermedio de los textos». Algo parecido sucede con *El año pasado en Marienbad*, aunque eso no se deba a su carácter enciclopédico sino más bien a su carácter críptico, a la negativa que muestran sus imágenes ante cada posible interpretación, de modo que, a falta de una interpretación posible, con ella todas las interpretaciones parecen factibles aunque ninguna pueda ser considerada definitiva. La cámara recorre los pasillos y paredes de un balneario que nunca llegaremos a saber dónde está. Ni siquiera con una *découpage* podríamos establecer hoy dónde se filmó cada plano. Todo lo más, sabemos que la película fue filmada en al menos cinco lugares distintos (en un palacio y tres castillos de Alemania y en un estudio cinematográfico de Francia). Vemos los números de las puertas de las habitaciones: 313, 311... Las molduras, los dibujos, los jarrones, las plantas, las columnas... Pasillos interminables seguidos de otros pasillos... Jardines distintos, geométricos, laberínticos... Y a veces nos detenemos en detalles, como algún grabado con una frase escrita en alemán, pero enseguida nuestro posible descubrimiento de que todo sucede en Alemania se ve sofocado cuando, ante la puerta del teatro, el cartel que anuncia la obra teatral que ven los personajes de *El año pasado en Marienbad* es en francés, como la lengua que utilizan los personajes (y los actores) para comunicarse entre sí. Cuando estás a punto de alcanzar algún plano que suponga un criterio de verdad, la cámara da un giro y nuevamente estás en territorio desconocido y nuevamente comienzas a escudriñar los encuadres, en busca de pruebas que te conduzcan no a un asesino sino a una solución al laberinto, al enigma, una puerta de salida a dondequiera que te encierre esta película.

10.-En una entrevista que Alain Resnais le concedió a Gilbert Adair (*Alain Resnais: vive la différence: The Guardian*, Londres, 22 de junio de 2010), el cineasta francés reconocía que era tan fan del cine como del teatro. Contaba, además, que su generación, si lo incluimos de una manera un tanto forzada en la *nouvelle vague*, quería reaccionar contra el cine que la había precedido. A él y a sus supuestos compañeros (Jean-Luc Godard, Agnés Varda, François Truffaut & Co) les parecía que los cineastas que les habían precedido habían hecho un cine demasiado escapista, teatral, racional, dialogado en el peor sentido, un cine que ellos querían superar. Eso fue lo que a Resnais le empujó a intentar abordar los grandes temas que preocupaban a la humanidad desde mediados del siglo XX. De ahí surgieron *Las estatuas también mueren* (*Les statues meurent aussi*, 1953), *Noche y niebla* (*Nuit et brouillard*, 1955), *Hiroshima mon amour* (1959) y *Muriel* (*Muriel ou le temps d'un retour*, 1963), sobre el colonialismo en África, el Holocausto, la bomba atómica y la guerra de Argelia, que lo convirtieron en una especie de «cineasta comprometido» que ayudó a que las generaciones siguientes de cineastas también se comprometiesen al hacer sus películas, abordando los temas de interés social, al mismo tiempo que contaban historias de amor u odio. Pero, según Resnais, ese «compromiso cinematográfico» se fue convirtiendo poco a poco en una norma, hasta tal punto que a él mismo le llegó a resultar asfixiante dirigir proyectos «comprometidos». Él siempre se consideró un director a la contra: contra las corrientes, los movimientos y las normas. Quizás por eso *El año pasado en Marienbad* podría considerarse una película contra su propio compromiso, como antes lo habían sido *El canto del estireno* (*Le chant du styrène*, 1958) y *Toda la memoria del mundo*.

A partir de *Meló* (1986), que estaba basada en una olvidada obra de Henry Bernstein, Resnais acudió con frecuencia a textos teatrales u operetas para hacer sus películas; es decir, textos en apariencia ligeros, sin reivindicaciones aparentes, sin denuncias, sin discursos, con música y canciones en la mayoría de los casos. Alan Ayckbourne, el dramaturgo a partir de cuyas obras trabajó con mayor frecuencia, se consideraba a sí mismo un escritor de teatro que en realidad hacía cine y a Resnais un director de cine que en realidad hacía teatro. Resnais viajaba con frecuencia al Reino Unido para ver representaciones de autores que le interesaban, en una de ella conoció a Ayckbourne.

Y si ahora retrocedemos en el tiempo, en lugar de seguir avanzando, en un viaje a Nueva York en 1959 fue cuando Resnais vio a Delphine Seyrig por primera vez, en un teatro del Off Broadway donde se escenificaba una obra de Henrik Ibsen. La actriz, de origen libanés, había ido allí atraída por las interpretaciones de Marlon Brando y James Dean en las películas de Elia Kazan. Durante un año acudió al Actor's Studio como oyente y luego se matriculó en las clases de Lee Strasberg, para aprender a conocerse a sí misma. Cuando Resnais la vio sobre el escenario del teatro en el Off Broadway neoyorquino, quedó fascinado y pidió conocerla, sin saber que era francoparlante y que apenas tenía experiencia dramática y que solo había hecho un cameo en una película: *Pull My Daisy* (1959, Robert Frank & Alfred Leslie). Al año siguiente le ofreció el papel de A en *El año pasado en Marienbad* y Seyrig, después de leer el guión, le dijo que los espectadores se reirían porque su personaje no tenía nada que ver con ella. Resnais le respondió: «Pues entonces tendrás que hacerlo tuyo: convertirte en el personaje o hacer que el personaje se convierta en ti».

11.-Desde 1958, Alain Resnais comenzó a desarrollar un proyecto sobre el que hay un admirable libro editado por Jean-Louis Leutrat, titulado *Les aventures de Harry Dickson: Scénario de Frédéric de Towarnicki pour un film (non réalisé) par Alain Resnais* (Capricci, Nantes, 2007). Iba a ser un homenaje a una serie de novelas baratas que había leído durante su infancia, publicadas por primera vez en Alemania en 1907, sin especificar el nombre de su autor. Eran historias sobre un detective a quien se conocía como el Sherlock Holmes estadounidense, educado en Gran Bretaña pero operativo allí donde estuviese, por eso sus aventuras son a escala internacional. Tuvieron muchísimo éxito en Bélgica, tanto como para influir -según los expertos- en el dibujante de cómic Hergé mientras daba forma a Tintín. También tuvieron éxito en Francia, casi al mismo tiempo que las películas de Louis Feuillade eran tan exitosas como antes lo habían sido las de Georges Méliès.

Sabemos que a los surrealistas les apasionaba la obra de Louis Feuillade, en la que veían un género cinematográfico perdido, el único en el que la realidad había sabido mostrar su lado más turbador y poético, a veces incluso el más inquietante, como si en sus imágenes se diluyesen las fronteras entre la realidad y los sueños. Luis Buñuel adoraba *Fantômas* (1913) y *Les vampires* (1915) por su capacidad para describir «una realidad insólita». Alain Resnais creía que Feuillade era una especie de bisagra entre los hermanos Lumiére y Georges Méliès, entre el realismo de los primeros y las fantasías del segundo. Para

él, Feuillade dio forma a una corriente cinematográfica capaz de crear misterios y evocar
sueños a partir del uso de elementos banales
de la realidad. Un poco como sucedía en las
novelas baratas de Harry Dickson: mínimos
elementos, máximo potencial expresivo. En
general, las películas de Feuillade y las novelas de Harry Dickson trataban sobre grupos
de ladrones profesionales que al principio
se conformaban con robar localmente a los
ricos y a los aristócratas, y que poco a poco
iban extendiendo su radio de acción, hasta
pasar de los robos de joyas o cajas fuertes a
las conspiraciones internacionales.

En algunas películas de Feuillade se ven
grupos conversando en mitad de fiestas y
reuniones no muy distintas a las de *El año
pasado en Marienbad*. Los temas sobre los
que conversan son lo de menos, pocas veces
acaban sus frases; hablan y de pronto callan
o desaparecen del encuadre porque hay un
corte de plano en las películas de Louis Feui-

llade o porque la cámara se mueven constantemente en la película de Alain Resnais. A los grupos de ladrones y conspiradores que muestra Feuillade o no los atrapa la policía o no llegan a desarticularlos por completo, siempre quedan unos cuantos al final que se libran del peso de la ley y que, sin alardes, sugieren la continuidad del mal, su fuerza indestructible. A su modo, también los personajes de la película de Resnais parecen atrapados en una especie de eternidad que depende de nosotros, los espectadores, para no seguir expandiéndose. Es como si *El año pasado en Marienbad* esperase que fuésemos capaces de desencriptar sus misterios, como habría hecho Harry Dickson. Desencriptar, claro, significa liberar. Resnais, sin embargo, no tenía previsto que Harry Dickson fuera capaz de enfrentarse a todo y solucionarlo, quería hacerlo caer a cada descubrimiento en una nueva capa de misterio. Había previsto que el personaje tuviera que penetrar en una zona similar a los laberínticos pasillos de *Orfeo* (*Orphée*, 1950), de Jean Cocteau, y para conseguirlo tuviese que descodificar los mensajes que oye por la radio, en los que se suceden versos de diferentes poemas, sin aparente significado juntos o por separado, hasta que uno en concreto toca la tecla con la palabra más banal. Durante la Segunda Guerra Mundial la Resistencia francesa hacía eso mismo, algo que obligó a los alemanes a aprender poesía clásica francesa si querían evitar los golpes que poco a poco los desangraban y desangraban a su ejército. Jaen-Luc Godard uso ese recurso en *Alphaville (Alphaville: une étrange aventure de Lemmy Caution*, 1965), donde el detective a quien interpreta Eddie Constantine, en su busca de un tal Harry Dickson, vence a un ordenador con versos extraídos de diferentes poesías.

12.-¿Tiene esa H algún significado o es un juego? En *Toda la memoria del mundo*, el número 25 de la colección Petitè Planète llega a la Biblioteca Nacional de París y enseguida es sellado, clasificado y colocado entre los severos volúmenes de una enciclopedia, y parece decirnos algo antes de que lo perdamos de vista. Petité Planète era una colección de guías de viaje que sirvieron en los años cincuenta de antítesis a las populares guías Michelin, en las que se instaba a los viajeros a visitar lugares turísticos (de la Costa Azul a Italia), con detalladas descripciones de los monumentos, hoteles y restaurantes, y en cuyas portadas aparecía siempre un dibujo de algún paisaje pintoresco e inconfundible. Contra esa concepción homogenizadora del viaje, Petité Planète quiso proponer algo muy diferente. No eran ni guías, ni libros de historia, ni folletos turísticos, ni siquiera las impresiones de alguien que hubiese viajado con frecuencia a un país o una ciudad; eran, más bien, collages que demostraban la capacidad de una persona para hablar, de manera informada y visualmente sorprendente, sobre un lugar aun sin haber estado en él jamás. Había números dedicados a Irán, China, Yugoslavia o la Unión Soviética. El 25 era sobre Marte.

13.-En una entrevista que le hizo Antonio Arco para el diario *La Verdad*, aparecida el 13 de abril de 2015, Roig dice que «la obra *Otras manchas en el silencio* trata de la bancarrota de la palabra, de la imposibilidad del decir y de la anestesia de la mirada. Trabajé con el filme *El último año en Marienbad*, de Alain Resnais; de hecho, me introduje dentro de ese filme para dar un recital de silencio, cosiéndome literalmente la boca, para un público burgués adormecido y cautivo de sus propias convicciones caducas, incapaz de parpadear. Al final aplauden lo que no comprenden. Era el funeral de la palabra a la manera de Bartleby. Una bancarrota de la palabra. Me perforé la boca con hilo y aguja frente a un médico y un anestesista. En la inauguración hubo gente que tuvo que salir. Había críticos indignados. Otros estaban maravillados».

14.-Adolfo Bioy Casares asegura en sus *Memorias: Infancia, adolescencia y cómo se hace un escritor* (Tusquets, Barcelona 1994) que la actriz Louise Brooks fue en realidad la fuente de inspiración para el personaje de Faustina. Su fascinación hacia ella iba más allá del encantamiento de un adolescente: había visto sus películas una y otra vez, sobre todo las dos que hizo en Alemania con el director Georg Wilhelm Pabst: *La caja de Pandora* (*Die Büchse der Pandora*, 1929) y *Tagebuch einer Verlorenen* (1929), donde consiguió imponer la imagen que la haría inmortal, con el característico corte de pelo, su magnético vestuario y su mirada desafiante. Llegaron puntualmente a los cines de Buenos Aires y luego, cuando parecía que se estaba produciendo un milagro cinematográfico con aquella actriz, vino una rápida y feroz decadencia a su regreso a Hollywood. Nadie quería cuentas con ella. La industría que la había aupado en su adolescencia la condenaba ahora al ostracismo, a su desaparición, que llegó en 1938, el año en que intervenino en su última película y también el año en que Bioy Casares comenzó a escribir *La invención de Morel*, que -de algún modo- era una manera de resucitarla a través de la ficción literaria.

En Francia, Louise Brooks fue olvidada muy pronto, a principios de los años treinta, coincidiendo con su regreso a Estados Unidos. Allí ya no fue capaz de seguir su carrera de manera ascendente. No sé si es una simple coincidencia, pero la primera traducción de *La invención de Morel* al francés, entre finales de los cuarenta ycomienzos de los cincuenta, coincidió con una retrospectiva que la Filmoteca Francesa en París le dedicó a Louise Brooks, convirtiéndola en leyenda.

Fue entonces cuando Alain Resnais vio sus películas y cuando cayó bajo su encantamiento. Y el resto ya lo conocemos: unos años más tarde conoció a Delphine Seyrig, a quien quiso convertir en una proyección de Louise Brooks en *El año pasado en Marienbad*, como si a través de la película y la actriz francesa fuese posible resucitarla.

15.-Curiosamente, varias décadas después de la película de los dos Alains, Resnais y Robbe-Grillet, la serie detelevisión *LOST* (2004-2010), cuyos responsables supieron hacer un *mashup* capaz de armonizar *Los Picapiedra* con *El año pasado en Marienbad*, mezclando la cultura popular con la alta cultura de una manera desprejuiciada, se inspiró asimismo en *La invención de Morel*, pero le proporcionó a la isla donde sucedía la acción la misma característica laberíntica e infinita que tiene el balneario de Marienbad. *LOST* era una especie de centauro, mitad científico mitad literario. Se trataba de una serie a medio camino entre el entretenimiento lúdico y el especulativo, un cóctel preparado con proporciones homogéneas de física cuántica, teoría de los fractales, *El señor de los anillos* y *La guerra de las galaxias*. Como centauro, tenía una parte humana y otra animal, una parte comprensible y otra incomprensible aun para los espectadores más avezados. Había conflictos solubles y conflictos insolubles, había relatos en forma de cuartos con puertas y ventanas, y relatos que tenían lugar en sótanos oscuros. No resulta descabellado comparar la serie con el hotel Overlook de *El resplandor*, pero con forma de isla. El resultado final, a lo largo de sus seis temporadas, incorporaba elementos de distintos géneros cinematográficos aunque el que de verdad definía la serie era el fantástico en su versión más siniestra.

Si algo le proporciona su sentido a un centauro cultural es que va más allá de cualquier proceso químico, porque es capaz de unificar y casar elementos incompatibles, obligarlos a coexistir en el mismo cuerpo, en la misma forma, como en realidad sucede cada vez que la mente se encuentra con la materia indómita que la rodea, cuando nuestra limitada racionalidad desemboca en la entropía de la que en principio creía estar alejándose. Por lo tanto, cabe hacerse una pregunta: ¿y si los personajes de *LOST*, al igual que los de *El año pasado en Marienbad*, no estuviesen perdidos en una isla, ni en la intrincada arquitectura de un balneario cuyos pasillos y jardines se conectan con los de otros balnearios sin que haya discontinuidad entre ellos, y donde de verdad están es en el desastre emocional de sus respectivas vidas, de sus respectivos tiempos (tras los atentados del 11 de septiembre de 2001 en el caso de la serie y tras el final de la Segunda Guerra Mundial y el comienzo de la Guerra Fría en el caso de la película)? Tanto una como otra, tanto *LOST* como *El año pasado en Marienbad,* están condenadas a utilizar el mismo recurso narrativo: el *flashback.* El *flashback* no es solo la vida previa de sus protagonistas, su territorio mental con sus traumas; es también su historia intertextual, los referentes de los que parte, la superficie que proyecta familiaridad o no en el espectador

16.-Uno de los mejores libros sobre una película que he leído jamás trata, precisamente, sobre *Stalker.* Se titula en castellano *Zona: Un libro sobre una película sobre un viaje a una habitación* (Literatura Random House, Madrid, 2013) y lo escribió Geoff Dyer. En él se describe de forma minuciosa la película, pero también se intercalan muchas partes donde el autor describe su vida, como si estuviese trazando dos paralelas que en algún punto (del infinito) coincidirán: la película y su vida. Cuando se produce la intersección en el libro, no se revela nada demasiado sorprendente, porque no estamos ante una novela policíaca; tan solo se produce una ligera iluminación, lo bastante intensa para guiar a cualquiera en el futuro, si desea seguir la misma senda.

17.-Antes de eso, en 2011 Vila-Matas y González-Foerster habían coincidido cerca de Cascais (Portugal), en un hotel al pie de la playa, donde Wim Wenders había filmado *El estado de las cosas* (*Der Stand der Dinge*, 1982), una película sobre el estado del cine a principios de la década de los ochenta, cuando el vídeo ya comenzaba a reemplazar al celuloide. Para ambos, «viajar era recuperar las mejores experiencias que nos había proporcionado el cine». Yo mismo viví cerca de aquel hotel entre 1982 y 1983. Fui a visitarlo sin haber visto la película de Wim Wenders, después de escuchar la historia de aquel lugar mientras la contaba un amigo de mi padre durante una fiesta en casa. Al parecer, iba a ser un lugar de encuentro internacional, para dar alojamiento a equipos que fuesen a rodar a Lisboa; también iba a ser un lugar de encuentro para escritores, intelectuales y activistas. La gente detrás del proyecto tenía las cosas muy claras: quería trazar una especie de centro, de circunferencia, donde todo el mundo pudiese intercambiar ideas y mostrar sus obras. Desgraciadamente, el sueño nunca se hizo realidad. Cerca ya de su inauguración, algo se torció, quizás las cifras no encajaron con las previsiones y todo se fue al traste por muy poco. Quizás. El caso es que el hotel, que todavía hoy sigue en el mismo lugar, es una especie de ruina moderna.

Los edificios son como los cuerpos: nacen, viven y mueren. Ver uno en ruinas o destinado a un fin diferente del que tuvo en sus inicios es como ver un cadáver. Por eso la mirada se parece tanto al instrumental que se utiliza en una autopsia. Es preciso ser meticuloso, no acelerar conclusiones, explorar todos los órganos, en busca de pistas. A veces su muerte sobreviene de pronto: una plaga lo azota y acaba con él. También está la decadencia progresiva, cuando no sabe reinventarse y muere de melancolía, lenta, dolorosamente, a causa de la tozudez de sus dueños. El hotel cerca de Cascais es una ruina sin historia, un cuerpo concebido mentalmente que nunca llegó a cobrar vida. Hoteles a medio hacer, urbanizaciones abandonadas, vías férreas con principio pero sin fin, infraestructuras comenzadas por un gobierno y desechadas por el siguiente... Son ruinas sin Historia con mayúscula ni historias, cadáveres a los que no se les puede practicar una autopsia para saber qué va mal en nuestro tiempo y cuál será el precio que tarde o temprano tendremos que pagar por ello.

La Historia con mayúscula del palacio y los castillos utilizados durante la filmación de *El año pasado en Marienbad* se interrumpió en la Segunda Guerra Mundial, al servir como provisionales almacenes de las obras de arte que el Tercer Reich iba robando en toda Europa, para llevarlas luego a un museo en Austria, que nunca llegó a construirse y que iba a ser el más importante del mundo. Un museo con el que Adolf Hitler seguramente quería vengarse del futuro como pintor que nunca llegó a tener por falta de talento mientras cursaba estudios de Bellas Artes.

18.-SMITHSON, Robert, *Selección de escritos*, Alias, Ciudad de México, 2018.

Para Robert Smithson, un artista busca la coherencia y el orden, no la verdad, tampoco afirmaciones correctas o pruebas. El artista busca un tipo de ficción extraña, capaz de empujar a que más tarde la realidad la imite. Busca hipnotizar a los espectadores de su obra y dirigirlos hacia ella, no a través del lugar que representan, porque entonces Marienbad en *El año pasado en Marienbad* podría ser el mismísimo infierno o un hospital psiquiátrico, sino a través de los lugares donde se rodó.

Y llegados a este punto hagamos un experimento: pongamos que mañana mismo reproducimos alguna de las acciones de Smithson, en nuestro caso para ir a Marienbad siguiendo un círculo en el sentido de las manecillas del reloj. A lo largo del trayecto habría dos pistas, cada una con arena de un color, para que así pudiésemos caminar de manera creativa. Mientras avanzamos, la dos arenas se mezclan. Cuando comenzásemos a acusar el cansancio, ya no podríamos volver atrás, porque al hacerlo no restauraríamos la arena de cada color a la parte del camino que le correspondía, lo que haríamos sería aumentar la mezcolanza, el grado de entropía del camino. Solo podríamos seguir hacia delante, para ir hacia atrás tendríamos que haber filmado nuestro avance; el cine nos habría permitido tener la ilusión de ir hacia atrás y restaurar las cosas a su estado inicial. Pero no habríamos conseguido nada. Con nuestro avance en tiempo real y sin filmar, al menos ya no estaríamos donde estábamos, estaríamos en Marienbad, atrapados.

19.-Si ambos fuesen huéspedes de Marienbad, Robbe-Grillet nos parecería fácilmente X y Resnais, una mezcla de A y M. Robbe-Grillet sería el seductor, el narrador, el demiurgo; sería una amenaza y una promesa: la amenaza de una violación (que él detalló en el guión pero nunca fue filmada) y la promesa de huir del balneario. Resnais, por su parte, sería A y M porque son ante todo personajes visuales, a diferencia de X, que es más descuidado visualmente y al mismo tiempo más teatral. Con lo anterior quiero decir que Resnais sería la escenografía y Robbe-Grillet el conflicto; Resnais sería el cine y Robbe-Grillet el teatro; Resnais sería las imágenes y Robbe-Grillet su psicoanálisis.

20.-Alain Robbe-Grillet narraba más o menos así el argumento de *El año pasado en Marienbad*: Érase una vez un lujoso hotel lleno de huéspedes de todos los países. Por sus interminables pasillos, un hombre caminaba y, al hacerlo, entraba en las habitaciones que había a ambos lados. Siempre se encontraba con las mismas caras desconocidas, a no ser una que se repetía, la de una mujer joven. Un día la paraba y le ofrecía un pasado y un futuro: le contaba que el año pasado se habían conocido, enamorado y prometido huir juntos, pero no lo habían hecho. La mujer al principio no recordaba nada y la historia le daba miedo. Con el tiempo, sin embargo, el hombre conseguía que ella cediese a base de insistir e insistir, de perseguirla por el hotel. Hasta le mostraba pruebas incontestables, como una fotografía de ella en un jardín, lo cual aumentaba el temor y los recelos de ella. El temor y los recelos se debían a que había otro hombre, alguien con un lazo profundo con la mujer, quizás su marido. Cuando el pasado y el presente finalmente se unían, se abría la posibilidad de huir de aquel lugar. Antes los envolvería una atmósfera de violación, asesinato y suicidio.

Alain Resnais narraba la película más o menos así: Marienbad puede ser cualquier cosa, un hotel, un balneario, también un psiquiátrico. Si fuera esto último, sus pacientes deambularían eternamente, encontrándose sin reconocerse; solo a veces se produciría entre ellos una chispa que los conectase. Esa chispa sería más grande de lo normal entre un hombre y una mujer. Ella viviría asediada por fantasmas, él sería el psiquiatra que la estaba tratando. Sus paseos juntos atravesarían pasillos freudianos, habitaciones narcisistas, ejercicios de tiro que funcionarían como símbolos de impotencia... La mujer reprimiría voluntariamente su pasado, el doctor pretendería sumirla en un estado de hipnosis para ver si así podía liberarla de sus fantasmas.

Las dos narraciones están recogidas en MORRISSETTE, Bruce, *The Novels of Robbe-Grillet*, Cornell University Press, Ithaca, 1975.

21.- Resnais, en ese sentido, lo había tenido algo fácil al filmar Van Gogh porque ya antes se habían hecho documentales sobre pintores o sobre obras pictóricas sin utilizar otra cosa que imágenes o detalles de imágenes extraídas de la obra de aquellos a quienes se quería retratar. Él los conocía. Conocía el trabajo que Luciano Emmer había rodado sobre los frescos de Giotto en la *Capilla de los Scrovegni: Raconto da un affresco* (1939); y también conocía el corto que Henri Storck había rodado sobre *Le monde* de Paul Delvaux (1946). En ambos casos se trataba de documentales rodados a partir de imágenes pictóricas, con una narración que convertía el cine en un instrumento crítico e histórico, además de cinematográfico y narrativo. No es una casualidad que uno de los pintores favoritos de Resnais fuese Paul Delvaux y que uno de sus cineastas favoritos acabase siendo André Delvaux, el primero una influencia en algunos planos de *El año pasado en Marienbad*, como el del jardín con los personajes proyectando una sombra y los árboles a su alrededor no, y el segundo una influencia en las películas que Resnais hizo desde la década de los ochenta en adelante. Paul y André no tenían lazos de parentesco pese a su apellido común.

22.- Como señala George Steiner en el prólogo de ROBBINS LANDON, H. C., *El último año de Mozar*t (Siruela, Madrid, 2005), 1791 fue el año de la muerte de Mozart y también el año en que el músico austriaco dio por terminados el *Concierto para clarinete*, *La flauta mágica* y el *Réquiem*, entre otras 28 composiciones de distinta índole y extensión; en realidad, su intenso trabajo al borde de la muerte fue, a grosso modo, una sucesión de obras maestras que marcaron y todavía marcan uno de los más increíbles momentos de creatividad de la experiencia humana. Para Steiner, no obstante, aquel tesoro no solo se debió a Mozart sino también a la propia época, a los cambios sociales que se produjeron y a la extraordinaria actividad artística e intelectual que envolvía a buena parte de Europa por aquel entonces. Algo parecido podríamos decir sobre los aires de renovación que trajo Robbe-Grillet con sus primeras novelas en la década de los años cincuenta del siglo XX, aplaudidas por Roland Barthes y Maurice Blanchot, además de por los demás miembros del *nouveau roman* y por los lectores de la época, cada vez más exigentes; y podríamos decirlo asimismo sobre Resnais, que encadenó desde su debut detrás de las cámaras varias obras maestras hasta llegar a *El año pasado en Marienbad,* cada una de las cuales habría merecido un libro no menos extenso que éste. Vaya por delante, tanto uno como otro se vieron beneficiados por el arriesgado apoyo de ciertos editores literarios y productores cinematográficos, y por la vertiginosa creatividad entre las décadas de los cincuenta y los sesenta del siglo XX, cuando más interactuaron la literatura y el cine desde un punto de vista experimental y cuando el arte comenzó a amalgamar disciplinas a un nivel que nunca antes se había visto.

23.-En el siglo XIX la Academia Médica de París, interpretando las teorías de Lébert, un médico especializado en tumores, acuñó las palabras «heterotopía» —que se traduce al español como error de lugar— y «heterocronía» —que se traduce como error de tiempo— para designar a los órganos o tejidos que se encuentran desplazados del sitio donde se encuentran habitualmente.

24.-¿Qué relación tiene las letras O y S con la palabra «oso»? ¿Es acaso el orden de la O y la S, además de la duplicación de la O, lo que determina algún tipo de vinculación o parecido entre las letras y la palabra, entre la palabra y el animal? De ser así, un oso debería llamarse «oso» en todas las lenguas, y no «bear» en inglés, «urso» en portugués, «medvjed» en croata y dios sabe cómo en muchas otras lenguas.

Desde los años cincuenta en adelante hubo un creciente interés hacia el funcionamiento de las lenguas entre los escritores franceses, especialmente entre los miembros del *nouveau roman*. Y, pese a que todos eran más o menos conscientes de que la imagen de una pipa no es una pipa, creían que la equivalencia entre el signo (la imagen de un león) y el concepto en la mente del espectador (que veía un león) era suficiente para generar una actitud de cuestionamiento primero de la imagen misma y luego de la realidad y del mundo. Jean-Luc Godard sintetizó todo esto al decir que «no puedes mostrar un muro durante veinte minutos sin que sucedan cosas»; es decir, sin que tu propia mente comience a destruir ese muro e intente ver qué hay detrás.

Por supuesto, estas posiciones teóricas no salvaron a Alain Robbe-Grillet de tener que enfrentarse con ciertas dificultades intrínsecas en el medio cinematográfico, una de ellas cuando describes una violación (que es una constante en su obra literaria y cinematográfica). Mientras que en una novela te bastan las palabras para sugerirla o escenificarla, en una película necesitas a un actor y a una actriz que se presten a interpretar el acto, a que a un operador tras la cámara y a un director de fotografía no les moleste ser testigos de la escenificación, etcétera, etcétera, etcétera. Quizás eso explique que Alain Resnais se negase a filmar la violación de A por parte de X que Robbe-Grillet incluyó en su detallado guión para *El año pasado en Marienbad* y que se mantuvo en la versión publicada pero no en la película.

25.-En una conferencia celebrada en la cinemateca de Quebec el 8 de abril de 1981, Marguerite Duras explicaba que el guión inicial que le entregó a Resnais solo intentaba reparar históricamente el lanzamiento de la bomba atómica en Hiroshima. Por supuesto, no funcionaba. Cualquier sugerencia sobre el horror, cualquier intento de ilustrarlo, lo borraba, fue la conclusión de ambos. Tres semanas después, en las cuales Marguerite Duras no fue capaz de escribir nada además de que era imposible narrar Hiroshima, Resnais consiguió sacarla de su aparente bloqueo al decirle que esa imposibilidad debía ser el tema central de la película y que quizás debían colocar la bomba como telón de fondo de una tradicional historia de amor. Entonces ella se dio cuenta de que hacer cine testimonial a veces consiste en negar cualquier posibilidad de testimoniar nada. También se dio cuenta de que quizás toda su generación viviría perseguida por un pasado con el que jamás podría dialogar, como si lo temiese, como si impusiera algún tipo de amnesia para de esa manera sobrevivir. Albert Camus, en su discurso de aceptación del Premio Nobel de Literatura, dijo que la suya era una generación que no podía aspirar a cambiar el mundo, pero que aun así tenía una misión quizás más difícil: evitar que el mundo se hiciera añicos.

Antes de que *Hiroshima, mon amour* se convirtiese en lo que hoy todos conocemos, fue un proyecto a cuatro manos entre Chris Marker y Alain Resnais; Marker, sin embargo, se retiró a los diez días. La retirada de este último llenó de dudas a Resnais, hasta que intervinieron los productores sugiriéndole que trabajase con algún escritor. Cuando propusieron a Françoise Sagan, Resnais aceptó encantado. Ella lo pensó unos días y luego rechazó la oferta porque creyó que el tema era demasiado grande. Fue entonces cuando Resnais mencionó a Marguerite Duras, una de cuyas obras literarias, *Moderato cantabile*, él pretendía convertir en película aunque sin demasiado entusiasmo, consciente del enorme presupuesto que necesitaría para llevarla a cabo. En la conferencia en la cinemateca de Quebec, Marguerite Duras dijo que «si yo, con mi trabajo en *Hiroshima, mon amour*, ayudé de alguna forma a que *El año pasado en Marienbad* fuese más fácil de realizar, lo que es incuestionable es que sin ambas películas yo nunca me habría convertido en la cineasta que he llegado a ser y sin *El año pasado en Marienbad* estoy segura de que *India song* (1975) jamás habría existido».

26.-Esa historia, como casi todo en *El año pasado en Marienbad*, tiene un eco, en su caso en una conversación que se oye al principio entre dos personajes a quienes no podemos nombrar. Uno le dice al otro: «¿Nadie te contó la historia? Si era sobre lo único que se hablaba el año pasado. Frank le había hecho creer a ella que él era un amigo de su padre y que estaba allí para cuidarla. Por supuesto, su forma de cuidarla era un tanto extraña. Ella se dio cuenta un poco tarde, una noche en que él forzó la puerta de su habitación para explicarle el significado de un par de viejos cuadros colgados en las paredes. En la habitación de ella no había un solo cuadro colgado de las paredes».

27.-GAUTHIER, Guy, "Entretien avec Alain Resnais", *Image et Son* 196 (julio de 1966). En esta entrevista, Resnais reconoció asimismo que no veía la literatura y el cine como dos artes que van en paralelo, siguiendo trayectorias contrarias. De hecho, creía que eran artes complementarias y que por sí solas no podían alcanzar el grado de perfección y profundidad que juntas sí alcanzaban, al describir el mundo y muy especialmente al describir el funcionamiento del cerebro. Tanto Resnais como Michelangelo Antonioni, Agnès Varda, Pier Paolo Pasolini, Věra Chytilová, Jean-Luc Godard, Peter Watkins, Marguerite Duras, Alain Robbe-Grillet y otros cineastas cuya obra arranca o eclosiona en la década de los sesenta, hacen películas que proponen temas que ellos mismas cuestionan y narran historias que progresivamente pierden, como si, en lugar de simples cineastas, fueran artistas plásticos, capaces de proporcionar a la superficie de sus imágenes una solidez que casi nunca antes habían alcanzado. Al final, el cine estaba conquistándose a sí mismo como arte independiente, más allá de las pleitesías que hasta entonces había mostrado en la mayoría de los casos hacia la novela y el teatro. Muchos cineastas de aquella época eran artistas plásticos además de directores, otros acabaron haciendo vídeo-instalaciones o piezas de encargo para museos. Por eso sus obras generaron nuevos discursos sobre el cine y sobre la imagen, sobre la Historia con mayúscula y sobre la memoria. Ayudaron a forjar un pensamiento insólito, desestabilizando y descentralizando el papel de las historias en muchas películas, en busca de una noción y una secuenciación del tiempo abierta a la intervención de los espectadores a medida que estos y sus necesidades y planteamientos cambiaban.

28.-A pesar de que en principio, cuando *El año pasado en Marienbad* fue estrenada, Robbe-Grillet y Resnais expresaron una admiración mutua incondicional, con el tiempo cada uno desveló ciertas costuras en el trabajo que habían realizado juntos para la película. A Robbe-Grillet, por ejemplo, le parecía que Resnais le había proporcionado demasiada psicología, tanto a los personajes principales como a la propia historia. Tampoco la música era la que él tenía en mente mientras escribía el guión. La suya habría sido más estridente, discontinua y agresiva; la elegida por Resnais le parecía sentimental en el peor de los sentidos. Eso por no hablar del sonido diegético, que a Robbe-Grillet le parecía muy alejado de lo que él había propuesto, más relacionado con esa especie de pesadez acústica de los hoteles, habitados por diferentes sonidos en sus diferentes espacios. Pero, en ese sentido, Resnais no fue nunca un materialista de la imagen, su concepción fílmica tenía poco o nada que ver con el neorrealismo y mucho menos con cualquier otro tipo de realismo. Incluso las elecciones escénicas separaban a Resnais de Robbe-Grillet, por su abigarramiento, por su barroquismo, por su impronta imaginativa. Robbe-Grillet llegó a sugerir, de hecho, que la película se rodase en las estaciones del metro de París, por su intrincada red de túneles, escaleras y pasillos. Resnais, por su parte, le sugirió a Robbe-Grillet algunos añadidos al guión, seguramente mientras era un *work in progress*. Quería un poco más de definición psicológica para el personaje de A, aunque en realidad lo que deseaba era poder ofrecer a la actriz Delphine Seyrig un papel menos pétreo que como lo imaginaba Robbe-Grillet. Resnais deseaba un cuerpo, Robbe-Grillet proponía una estatua. La intervención de la casa Chanel en el vestuario de Delphine Seyrig fue una especie de compensación indirecta, un sortilegio para transformar el mármol en carne, a la presencia en un objeto de deseo, a la «modelo bressoniana» en actriz. Lo cierto es que de entre todos los personajes de la película, el suyo es el más glamuroso, el que más se ajusta a los aspectos más imaginativos del cine, relacionados con los sueños y la fantasía. Pero ella no fue el único asunto sobre el cual Resnais intentó presionar a Robbe-Grillet, también le pidió, cuando el guión aún estaba en sus inicios y no habían comenzado los *ritornellos* que encierran la historia en un bucle, que al universo cerrado del balneario llegasen noticias del exterior, seguramente para tener un contexto que proporcionase oxígeno a lo que luego sería la película. El contexto, sin embargo, habría destruido el embrujo; no era posible, le dijo Robbe-Grillet. Se menciona el año 1929 y se dice que el invierno fue tan frío que el agua de un estanque se congeló; lo que no se aclara es si 1929 fue el año pasado al que alude el título del guión, que en principio solo era *El año pasado* y no *El año pasado en Marienbad*. Y, como hemos visto en el cartel de la obra de teatro, el año bien podría ser la década de los cincuenta.

El punto de mayor fricción entre Resnais y Robbe-Grillet se debió a la violación que proponía el guionista y que el realizador rechazó. Robbe-Grillet entendía la violación como un detonante liberador, algo así como un conflicto que finalmente introducía un relato en la película. A Resnais, sin embargo, no le gustaba el concepto, prefería mantener la atmósfera de incertidumbre durante todo el metraje. Para él, lo más cercano a una historia es precisamente la historia de una duda, la capacidad de alimentarla de forma constante, sin llegar a despejarla nunca.

29.-Cuando llegó el momento de comenzar con su colaboración, no hubo muchos problemas entre ellos. A medida que Robbe-Grillet iba escribiendo el guión, semanalmente le daba una muestra de sus avances a Resnais, para que él hiciese los comentarios pertinentes. Rara vez hubo comentarios. Sin saberlo, Robbe-Grillet estaba haciendo real el sueño del artista Vito Acconci, que consideraba *El año pasado en Marienbad* no solo la mejor película de la historia del cine sino también la única que clausuraba el cine literario, por así decirlo, para acercarse únicamente a las palabras y caminar entre ellas. Esa fue la pretensión de Acconci después de verla y decidir dejar de escribir, para convertirse en un artista plástico, en un *performer*. Como dice Verónica Gerber Bicecci en *Mudanza* (Consoni, Bilbao, 2021), «quería llegar a ese punto en que uno deja de escribir la novela y se convierte en su protagonista, ese punto en el que te vas del mundo imaginario al mundo real, pero sin abandonar la imaginación del todo». Una descripción, sea dicho de paso, que se ajusta perfectamente a casi toda la obra de Alan Resnais y a *El año pasado en Marienbad* en particular, una película de un nivel tan grande de artificio y de tal precisión en ese artificio que no resulta fácil decir si es realista o no, aunque la realidad que describe sea enteramente ficticia.

30.-En el número de noviembre pasado de la revista *Granta* (Londres, 2023) la novelista estadounidense Lauren Oyler escribió un texto muy interesante: *Last Week at Marienbad*. En él reconocía no haber visto hasta muy recientemente la película, aunque siempre la había tenido en su rádar, como una muestra cultural ineludible. Solo cuando su relación con un novio comenzó a atravesar una crisis se animó a verla. Para cuando lo hizo, la razón principal fue que en unos días ella y el novio iban a pasar varios días en Marienbad, para ver si recuperaban el amor del «año pasado», que había comenzado a declinar de forma preocupante. Ya antes de ver la película, Lauren Oyler sabía perfectamente que trataba sobre dos enamorados, A y X, que se reencuentran un año después de haberse conocido, enamorado y separado. Sabía también que trataba en realidad sobre una lucha, por recuperar el amor perdido y la memoria de ese amor. Como le estaba sucediendo en aquel momento a ella con su novio. Y como le había sucedido durante 10 días de julio de 1916 a Franz Kafka y Felice Bauer en Marienbad, adonde habían ido para poner a prueba su amor epistolar, algo que resultó catastrófico, porque no solo no pudieron reeditar su «amor del año pasado», sino que además se dieron cuenta del abismo existente entre una relación epistolar y una relación directa, entre el amor por correspondencia y el amor carnal, entre el año pasado y el presente... Hasta que no les quedó más opción que aceptar que todo se había acabado. El fracaso de Kafka y Felice, sin embargo, no disuadió a Lauren Oyler y su novio, que conocían de antemano el fracaso de los primeros y sabían asimismo que la película de Resnais y Robbe-Grillet no se había filmado en Marienbad, pese al título. Lo que les interesó fue el hecho de que Marienbad, en efecto, fuese un vacío en la película y que ese vació en la realidad pudiese ser llenado.

31.-El rodaje de *El año pasado en Marienbad* se llevó a cabo entre el 12 de septiembre y el 21 de noviembre de 1960, durante diez semanas, de las cuales se trabajaron 59 días.

La mayor parte del tiempo se rodó en Múnich, en el Palacio Münchner Residenz (en donde se rodaron algunos *travellings* a través de pasillos y tomas del *hall* y de la galería), en el Castillo de Nymphenburg (donde se filmaron las tomas del jardín nocturno, la terraza, la balaustrada y el lago), en el Castillo de Amalienburg (donde se filmaron las tomas del salón de los espejos y las diferentes salas de juegos) y en el Castillo de Schleissheim (donde se filmaron las partes que tienen lugar en el teatro, algunos trávelin por pasillos dobles y las tomas en las escaleras, el salón de baile, la sala de tiro y la sala de conciertos, también algunas tomas en los jardines, en concreto en las zonas donde se sientan en bancos de piedra A y X). Las tomas restantes se hicieron en los estudios Phonosonor, situados en las afueras de París..

32.-Volker Schlöndorff había estudiado ciencias políticas y economía en la Sorbona, y cine en una escuela de París. Cuando Jean Léon le ofreció el cargo de segundo asistente de dirección en *El año pasado en Marienbad*, estaba trabajando con Louis Malle en *Zazie en el metro* (*Zazie dans le métro*, 1960) y dudó antes de aceptar porque no entendió el tipo de película que iba a ser la de Resnais. Le sorprendió que un cineasta a quien admiraba por sus obras sobre el Holocausto, el colonialismo y la bomba atómica estuviese ahora interesado en hacer una película en apariencia decadente, sobre gente sin nada más que hacer que recorrer los pasillos de un caro hotel y tener conversaciones absurdas o suspendidas de repente, entre obras de teatro, conciertos, bailes y toda clase de juegos, como si no hubiera un mañana. Para acabar de convencerlo, Resnais mismo tuvo que hablar con él; Resnais, de hecho, hablaba con cada actor y con cada técnico, primero por separado y luego en grupo, hasta conseguir que todos entendiesen que no era el qué lo que debía preocuparles sino el cómo. Finalmente, Schlöndorff entró a formar parte del equipo de rodaje. Durante la filmación, no obstante, nunca llegó a sentirse demasiado integrado con sus compañeros, no porque fuera alemán (al fin y al cabo, había gente de varios países, no solo de Francia) sino porque no supo generar el humor suficiente para contrarrestar la sensación de estar participando en una película que nadie entendía por completo, ni siquiera su director ni su guionista. Mientras los demás hicieron causa común con bromas constantes antes de colocarse delante o detrás de la cámara para rodar, Schlöndorff siempre tuvo la sensación de que aquella película no le abría sus puertas, que él quedaría para siempre fuera de Marienbad.

33.-El trabajo de Françoise Spira no estaba determinado por intereses hermenéuticos o industriales, tan solo personales. Para ella, rodar a sus compañeros era una forma de mantenerlos cerca cuando aquella experiencia común hubiese terminado. Por supuesto, lo anterior no quiere decir que la propia película y su rodaje no se infiltraran en sus tomas. Su valor estriba en lo que añade a *El año pasado en Marienbad*. Una parte de su metraje fue utilizado para realizar el cortometraje *Unraveling the Enigma: The Making of Marienbad* (2009), que sí puede considerarse un *making of* de la película, más centrada en las dificultades técnicas durante el rodaje que en las relaciones del equipo técnico y los actores o en sus actividades en los descansos. Curiosamente, el narrador en *voice over* en *Souvenirs d'une année à Marienbad* es Volker Schlöndorff y la figura central de *Unraveling the Enigma: The Making of Marienbad*, uno de los extras para la edición en dvd de Criterion Collection, también es él. La diferencia estriba en que en el trabajo de Spira nunca atrae la atención de la cámara pero aun así sirve de intérpreté de las imágenes, y en el extra de Criterion manifiesta de principio a fin su desconcierto con la película y al mismo tiempo su admiración hacia el trabajo de equipo que facilitaba Alain Resnais y los interminables ensayos que a veces se hacían, como para el baile en el salón de los espejos, preparado minuciosamente durante un día y medio y luego filmado en menos de media hora. O el uso de madera contrachapada por encima de la grava de uno de los jardines, pintada como si fuera arena, para que la cámara pudiese deslizarse sobre ella sin hacer ruido y sin que la *dolly* dejase huellas en el suelo, en la toma donde Delphine Seyrig se aleja del balneario con uno de sus zapatos en su mano porque se le ha roto el tacón.

En los interiores de los palacios y castillos, nadie podía tocar los ornamentos de las paredes, tampoco se podían utilizar focos directos hacia los frescos y la temperatura debía vigilarse para evitar cambios bruscos. Las ventanas no debían abrirse y mucho menos debían descorrerse ciertas cortinas; las puertas debían mantenerse cerradas después de haber sido utilizadas. A veces el equipo de rodaje tenía que ingeniárselas para mantener aleajados a los visitantes que venían a ver el palacio y los castillos, porque no cerraron sus puertas al público mientras duró el rodaje.

A menudo los actores y los técnicos se acercaban a Resnais mientras duró el rodaje, para preguntarle qué tipo de película estaban haciendo. Resnais solía contarles cómo en los cuadros de Piero della Francesca siempre había alguien mirando fuera del marco, en busca de algo que quizás debería estar pero que no estaba. Esa sensación de mirar hacia otra parte le preocupaba y le interesaba al mismo tiempo: le preocupaba porque convertía en redundante la figura del pintor y del cineasta, y le interesaba porque ni sabía qué estaba haciendo con certeza ni sabía en qué tipo de cineasta estaba convirtiéndose. «Tengo la sensación de estar dando forma a *El año pasado en Marienbad* al mismo tiempo que la película me está dando forma a mí.»

34.-En *El año pasado en Marienbad*, durante el proceso de persuasión al que somete X a A, llega el momento de las pruebas. ¿Cómo probar que el año pasado se enamoraron y luego se separaron? No hay forma de hacerlo. O quizás sí. X le muestra a A una fotografía de ella sentada en mitad de un jardín de Frederiksbad, sonriendo y aparentemente muy feliz, y le dice que él mismo la tomó el año pasado. Pero A asegura que ella no estuvo en Frederiksbad el año pasado. «Pues entonces fue en Karlsbad, en Marienbad o en Baden-Salz», le contesta él. La fotografía en adelante no desaparece. Tan solo un minuto después, A camina con un libro abierto, sin preocuparse demasiado por el texto y algo más por la fotografía de X, sobrepuesta a una de las páginas. Si desviamos la atención de la fotografía, en la página visible del libro no nos cuesta identificar los primeros versos, en alemán: «In solchen Nächten wissen die Unheilbaren: / wir waren...». Son de Rainer Maria Rilke y pertenecen a un ciclo que en castellano apareció por primera vez en 1967 con el título *De una noche de tormenta*, traducido por José María Valverde. Se trata de nueve poemas breves que Rilke compuso en una sola tarde y de los cuales en la película de Resnais vemos el sexto. Ese ciclo, que yo sepa, nunca ha sido publicado por separado, dada su brevedad, y siempre forma parte de *El libro de las imágenes*. En el original en alemán, *Das Buch der Bilder*, muchos expertos en la obra de Rilke creen que este quiso proponer cierta ambigüedad entre el título y la palabra *Bilderbuch*, que significa «libro ilustrado para los niños», que pondría de manifiesto la escasa confianza de Rilke -como W. G. Sebald- en las imágenes.

Poco después de haberla visto con el libro donde A había puesto la fotografía, M le pregunta quién se la hizo y ella le contesta que «no es más que una vieja fotografía mía». Cuando volvemos a ver la fotografía, se ha multiplicado y está en un cajón, entre decenas de copias exactamente iguales. Y la última vez en que aparece, hay varias copias desplegadas sobre una cama, como piezas del juego de nim en el que M siempre gana y X siempre pierde a lo largo de la película.

35.-En el verano de 1821, a la edad de 73 años, Johann Wolfgang von Goethe se fue al balneario de Marienbad (en checo Mariánské Lázně). Allí conoció a Ulrike von Levetzow, una joven de 17 años, de quien se enamoró irremediablemente. Aquel amor, sin embargo, no pudo ser consumado entonces y tuvo que esperar un año más, cuando Goethe decidió regresar a Marienbad y antes le escribió una carta de amor a Ulrike pidiéndole que se uniera a él allí, pero ella le rechazó. De ese rechazo nació uno de los mejores poemas de Goethe, *Elegía de Marienbad*, uno de cuyos versos dice: «Ya perdí el Universo y me he perdido a mí mismo». La historia de ese rechazo no me llamaría tanto la atención si no fuese por el hecho de que en *El año pasado en Marienbad* nunca queda muy clara la relación entre A y M, a quienes se han visto como esposa y marido, mujer y amante, mujer y pretendiente o mujer y protector, pero nunca como joven y viejo o hija y padre, quizás porque rara vez se ha hecho un estudio comparativo serio entre la *cine-novel* de Alain Robbe-Grillet y la película de Alain Resnais, que -como ya he apuntado en varias ocasiones a lo largo de este libro- difieren en muchas cosas, una de ellas la posible edad de M, para Robbe-Grillet de unos cincuenta y pico y para Resnais bastante más joven. Si se aceptan las implicaciones de esos dos puntos de vista sobre la edad de M, yo diría que Robbe-Grillet obviamente pensó en Goethe y Ulrike, de ahí su visión del guión y la película como una historia en *loop* de la cual nadie puede huir; y Resnais seguramente pensó en personajes distintos, con edades más parejas, capaces de perderse en la noche y dejar tras de sí la silueta del balneario encantado, Marienbad.

También W. G. Sebald escribió una *Elegía de Marienbad*, pero en su caso para reflejar con nueva luz el amor de Goethe a Ulrike. Más que los sentimientos de ambos, le interesan los objetos que posiblemente los rodeaban; más que ellos mismos, le interesan el lugar donde se habían conocido y quienes se movían a su alrededor, muchos enfermos o burgueses con tendencia a la obesidad. Si para Goethe Marienbad fue un lugar de decepción, para Sebald es más bien un lugar de duelo. Goethe ve el amor (no correspondido) y Sebald ve la muerte. Resnais, en este sentido, era Goethe y Robbe-Grillet era Sebald.

A Sebald, vaya por delante, le encantaba el *nouveau roman*, sobre todo Michel Butor y Alain Robbe-Grillet.

36.-Como a Peter Handke, uno de sus escritores predilectos, a Sebald le interesaba encontrar una forma artística que superase las que con anterioridad habían definido a la cultura alemana. Necesitaba visualizar la realidad a través de nuevas imágenes, eso le llevó -como a Handke- no solo a interesarse por el cine y ver películas sino también a escribir de una manera que una parte de la crítica considera visual y hasta cierto punto cinemática, cuya prueba más definitiva y definitoria son las fotos intercaladas en sus obras. Handke, en ese sentido, no llegó a tanto. Prefería dedicarse a cada cosa por separado: novela, poesía, teatro o cine (porque escribía guiones e incluso dirigió varias películas). Algo que poca gente sabe, no obstante, es que Sebald comenzó escribiendo guiones y que estaba determinado a ser cineasta antes que escritor. Un guión suyo, sobre Emmanuel Kant, estuvo a punto de ser producido por una cadena alemana, pero finalmente el proyecto se canceló, en parte por la repentina muerte de Sebald. Dejó otros guiones medio acabados (uno de ellos sobre Ludwig Wittgenstein) que hasta ahora no han visto la luz editorial por problemas con el copyright.

En su libro de memorias *Ariadne's Thread: In Memory of W. G. Sebald* (Propolis, Norwich, 2014), Philippa Comber, la mayor confidente del escritor, cuenta que la película favorita de Sebald era *El año pasado en Marienbad*. Al parecer, hablaba muy a menudo sobre ella porque le parecía muy misteriosa y porque notaba cómo en su interior había algo que le interpelaba, algo relacionado -según él- con el mundo donde están atrapados los personajes. Él mismo también se sentía atrapado en un matrimonio del cual no se atrevía a salir, aunque muy a menudo dejase bien claras sus preferencias sobre con quién quería estar, ir al cine, hablar, pasear o soñar, que era Philippa Comber y no su esposa. Durante varios años Philippa Comber, una psicóloga que se había mudado de Berlín a Norwich después de divorciarse, mantuvo una relación casi amorosa con Sebald. Al principio se veían con frecuencia, demasiada para pasar desapercibidos en una comunidad pequeña, pero a medida que la relación iba a más y se multiplicaban las oportunidades para que ella y él consumasen su amor follando, Sebald entró —según ella— en pánico y se retrajo hacia sí mismo. Estaba —también según ella— atrapado en Marienbad, en su matrimonio.

37.-Cuando, en la novela de W. G. Sebald, el protagonista se entera de que su madre fue deportada a Terezin (que durante la ocupación alemana de Checoslovaquia se llamaba Theresienstadt), decide visitarlo. Allí, entre sus barracones, caballerizas, garajes, la red laberíntica de túneles y despachos, encontró una casita que hacía las veces de cine para los visitantes y donde se proyectaba una película que Hitler encargó a los oficiales del campo de concentración y que dirigió Kurt Gerron (un judío que poco después fue enviado a Auschwitz y asesinado de alguna manera infame que se les escapa a los historiadores, porque su cadáver nunca fue encontrado). En sus veintipocos minutos de metraje, la película muestra un lugar idílico en el que los judíos se mantienen en forma, juegan, pasean y comercian, ajenos a la realidad del lugar, donde murieron miles de personas pese a no ser un campo de exterminio. Ante aquella muestra aberrante de cine, Austerlitz encarga una copia de la película a cámara lenta, cuatro veces más larga, para ver en la demora de las puntadas de una mujer en unos pantalones mientras los zurce o en el lento y pesado abatimiento de los párpados de un hombre mayor al que seguramente le está entrando sueño, imágenes que surgen por debajo de las imágenes, en ninguna de las cuales, ni en las principales ni en las que aparecen tras ellas, fue capaz de reconocer a su madre, de quien guardaba un tenue recuerdo en la memoria, de su último día juntos, en Marienbad.

38.-*El año pasado en Marienbad* supo crear un precedente en *Senderos de gloria* y luego Stanley Kubrick se encargó de continuar la tradición de la película de Resnais y Robbe-Grillet cuando la utilizó como modelo para la filmación de los interiores del hotel Overlook en *El resplandor*, cuya maldición se remontaba al momento en que sus cimientos se hundieron en los restos de un cementerio indio y sobre todos los muertos que hubo a lo largo de la historia, como varios miembros de una expedición perdida en el siglo XIX.

39.-DANEY, Serge, *Cine, arte del presente*, Santiago Arcos editor, Buenos Aires, 2004.

«Todo lector de crucigramas sabrá de qué hablo si digo que ver un film de Alain Resnais se ha ido convirtiendo, después de *El año pasado en Marienbad,* en una actividad que podría ser definida como *deporte cerebral.* La vida quizás sea una novela, pero tiene sentido en todos los *sentidos*, horizontal y verticalmente. Es una cuadrícula que hay que llenar. Es una jaula que hay que poblar. Es lenguaje pero no quiere decir nada: palabras que intersectan palabras, encrucijadas ennegrecidas, soluciones provisorias. Se coloca la última letra como si fuera la última piedra, para cerrar la bóveda del film terminado. De tal modo, los films de Resnais se convierten fácilmente en monumentos, y su autor en comendador del cine francés. De tal modo, se esfuma el placer que se había creído sentir en la búsqueda de definiciones, y da paso a la satisfacción (por haberse librado de eso) mezclada con fastidio (por haberse devanado los sesos por tan poco). Por eso podemos decir, no sin cierto pesar, que hemos comenzado a admirar a Resnais porque hemos ido dejando de amarlo y a cada nuevo film él nos parece más una pieza de museo que un auténtico cineasta.»

40.-Cuando *El año pasado en Marienbad* estuvo terminada, la distribuidora que se había comprometido a llevarla a los cines, Vinvendeau, se echó atrás al verla. Luego el Festival de Cannes se negó a incluirla en su sección a competición, según se dice porque sus responsables querían que la voz del actor Giorgio Albertazzi la doblara un actor francés, aunque también se dice que la verdadera causa fue que Alain Resnais hubiese firmado un manifiesto a favor de la independencia de Argelia. En cualquier caso, dicho documento también fue firmado por Alain Robbe-Grillet, a quien -según él mismo- muchos directores persiguieron para que colaborase con ellos después de su aventura con Resnais. Una de las primeras personas a quienes le hicieron una proyección privada de la película, mientras esperaban el inicio del Festival de Venecia, fue a André Breton, a quien se la habían dedicado; a Breton, sin embargo, *El año pasado en Marienbad* le horripiló y su nombre y la dedicatoria fueron retirados de los créditos iniciales. Tras él fueron pasando por la misma sala de proyección Jean-Paul Sartre, que salió entusiasmado, André Malraux y Michelangelo Antonioni, con quien Robbe-Grillet hizo amistad. La amistad entre ambos se convirtió en una posibilidad para trabajar juntos, pero se malogró cuando Robbe-Grillet comenzó a explicarle a Antonioni un posible guión y le dijo qué se vería en la pantalla una vez se hubiese filmado, algo que irritó al cineasta italiano y que en adelante pareció irritar a cuantos intentaron trabajar con Alain Robbe-Grillet, porque lo cierto es que no volvió a colaborar jamás con ningún otro cineasta y cada vez le costó más encontrar financiación para las películas que él dirigió, siempre con presupuestos irrisorios.

41.-Vierny era muy aficionado a la pintura, como Alain Resnais. Su pintor favorito era Claude Monet, que en la última década del siglo XIX pintó 20 versiones de la fachada de la catedral de Ruan, a diferentes horas y bajo condiciones climáticas distintas porque quería demostrar que cada imagen es solo una mutación de otras anteriores y que lo visible es un flujo salvaje. Quizás por eso, cuando veo alguna película con fotografía de Sacha Vierny, menos *El año pasado en Marienbad*, pienso en realidad que él era un comunista al que extrañamente le gustaban las catedrales por dentro y por fuera, aunque su pasión fueran los interiores poco iluminados, donde él se imaginaba calibrando y estudiando, como su padre, piedras preciosas. Cuando él y Resnais intercambiaron sus impresiones sobre cómo debía aparecer el balneario de *El año pasado en Marienbad* en una toma exterior en mitad de la noche, los dos estuvieron de acuerdo al describirlo como un hotel o una mansión encantada, algo parecido a Manderley en *Rebeca* (*Rebecca*, 1940), de Alfred Hitchcock, cuya figura aparece de perfil en un extraño plano al comienzo de *El año pasado en Marienbad*.

42.-Tras sus colaboraciones con Chantal Akerman y Marguerite Duras, Delphine Seyrig produjo varios vídeos con el colectivo Les Insoumuses (que se traduce por «las insumusas»), que fundó ella misma junto a la vídeo-realizadora Carole Roussopoulos y la traductora Ioana Wieder. En aquellos trabajos, el vídeo se convirtió en una herramienta emancipadora (que liberaba a las actrices de la esclavitud del cine) y en un agente de activismo político (porque era ligero y podía

llevarse a cualquier tipo de acto o aconteci-
miento sin problemas). En 1982, Delphine
Seyrig ayudó a establecer un archivo audiovisual con películas sobre algunas luchas de
la época, como la legalización del aborto, la
tortura, la guerra de Vietnam o los derechos
de las prostitutas y las prisioneras políticas.
Su primera película como directora, *Sois be-
lle et tais toi* [*Calladita estás más guapa*] de
1976, fue un documental en el que veinti-
cuatro actrices francesas y estadounidenses
contaban a la cámara sus experiencias en la
industria cinematográfica. El testimonio de
Jane Fonda me parece muy significativo con
respecto a los posibles sentimientos de Delphine Seyrig desde que había comenzado su
carrera como actriz:

«La primera vez que me puse delante de una cámara [...] me maquillaron tanto que no me reconocí. Cambiaron completamente mi cara. Me dijeron que querían que me tiñese de rubia y que me rompiese la mandíbula un dentista, para así ahuecar mis mejillas y pronunciar más los pómulos. Más tarde me hicieron saber que con la nariz que tenía no podría hacer tragedias, ¡nadie me iba a tomar en serio! Además, el jefe de la Warner quería que me pusiese pecho, no le gustaban las mujeres que tenían poco. Quedó claro que era un producto comercial al que tenían que arreglar para poder venderlo, porque desde luego iban a invertir mucho dinero en mí.»

Alain Robbe-Grillet aseguró sobre la interpretación de Delphine Seyrig en *El año pasado en Marienbad*, que él «habría querido alguien menos inteligente, más carnal, que hubiera sido algo así como una estatua de carne incomprensible»

Filmografía
Complementaria

L'Inhumaine (1924, Marcel L'Herbier).

L'Argent (1928, Marcel L'Herbier).

La caja de Pandora (*Büchse der Pandora*, 1929, Georg Wilhelm Pabst).

Toda la memoria del mundo (*Toute la mémoire du monde*, 1956, Alain Resnais).

Vértigo (*Vertigo*, 1958, Alfred Hitchcock).

El resplandor (*The Shining*, 1980, Stanley Kubrick).

India song (1975, Marguerite Duras).

3 tablåer inspirerade av filmen I fjol i Marienbad (1996, Mikael Askergren).

Tren de sombras (1997, José Luis Guerin).

Dans le labyrinthe de Marienbad (2005, Luc Lagier)

Unraveling The Enigma - The Making Of Marienbad (2009, Criterion Collection).

Origen (*Inception*, 2010, Christopher Nolan).

LOST (2004-2010, serie de televisión ideada por J. J. Abrams y Damon Lindelof).

Souvenirs d'une année à *Marienbad* (2010), Françoise Spira, con comentario en *voice-over* de Volker Schlöndorff.

Patience (After Sebald) (2012), Grant Gee.

Austerlitz (2015), Stan Neumann.

Last Year at Marienbad A-Z (2019, James Quandt).

Last Year in Dachau (2020, Mark Rappaport).

Bibliografía

-BOU, Núria (ed.), *Alain Resnais: viaje al centro de un demiurgo*, Paidós, Barcelona, 1998.

-LEVY, Bernard-Henri, *El* último *fantasma de Marienbad*, *El País*, Madrid, 30 de mayo de 2010.

-LEUTRAUT, Jean-Louis. *L'Année Dernière* à *Marienbad (Last Year In Marienbad)*, British Film Institute, Londres, 2000.

-RIAMBAU, Esteve, *La ciencia y la ficción: El cine de Alain Resnais*, Editorial Lerna, Barcelona, 1988.

-ROBBE-GRILLET, Alain, *El año pasado en Marienbad*, Seix Barral, Barcelona, 1962.

-*El espejo que vuelve*, Editorial Anagrama, Barcelona, 1986.

-THOMAS, François. *L'Atelier d'Alain Resnais,* Editions Flammarion, París 1989.

Despiece secuencial para saber cuándo y dónde se rodaría cada plano.

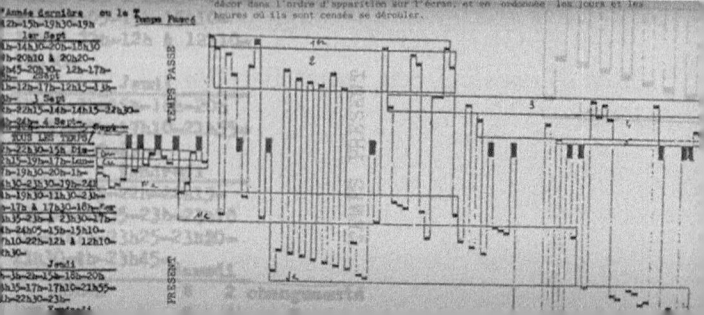

Enlaces

- http://www.neugraphic.com/marien-bad/texts.html

- https://wwwhttps://faroutmagazine.co.uk/schloss-schleissheim-filming-location-stanley-kubrick-paths-of- glory/

- https://elcinesigno.wordpress.com/2011/07/19/tiempo-espacio-cine-y-arquitectura-el-ano-pasado-en-marienbad/

- https://elpais.com/diario/2010/05/30/domingo/1275190231_850215.html?event_log=oklogin

- https://www.criterion.com/current/posts/3092-remembering-alain-resnais

- https://cathannabel.blog/2013/06/06/last-night-i-dreamed-i-went-to-marienbad-again/

- https://lareviewofbooks.org/article/the-shadow-of-annihilation-on-w-g-sebald/

- https://brightlightsfilm.com/the-invention-of-marienbad-resnais-robbe-grillet-morel-and- adolfo-bioy-casares-on-the-left-bank/#identifier_0_34130

- https://www.criterion.com/current/posts/1177-last-year-at-marienbad-which-year-at-where

- https://www.gartenbergmedia.com/dvd-distribution-and-sales/experimental-narratives-avant- garde-shorts/last-year-at-marienbad

- https://elcinesigno.wordpress.com/2011/07/21/extranamiento-y-temporalidad-en- %E2%80%9Cel-ano-pasado-en-marienbad%E2%80%9D/ https://www.sensesofcinema.com/2004/cteq/last_year_at_marienbad/

Agradecimientos

Al autor de este texto le gustaría agradecer la complicidad de Oriol Alonso Cano, segundo de abordo y casi coautor del libro, Manuel Iniesta, contramaestre y también casi coautor e inspirador, y Miguel Sanfeliu, navegante con el que me he acostumbrado a surcar todos los mares y océanos y gran detector de erratas. Y no quiero olvidar a Nacho Cagiga, sin cuya complicidad y aliento este libro seguramente no existiría.

Con compañeros como los míos, ¿quién podría temer la derrota?

¡Mil gracias a vosotros y a los lectores que se adentren en esta aventura!